Kant | Denken wagen

[Was bedeutet das alles?]

Immanuel Kant

Denken wagen

Der Weg aus der selbst-
verschuldeten Unmündigkeit

Reclam

8. Auflage

RECLAMS UNIVERSAL-BIBLIOTHEK Nr. 19418
2017 Philipp Reclam jun. Verlag GmbH,
Siemensstraße 32, 71254 Ditzingen
info@reclam.de
Gestaltung: Cornelia Feyll, Friedrich Forssman
Druck und Bindung: Elanders Waiblingen GmbH,
Anton-Schmidt-Straße 15, 71332 Waiblingen
Printed in Germany 2026
RECLAM, UNIVERSAL-BIBLIOTHEK und
RECLAMS UNIVERSAL-BIBLIOTHEK sind eingetragene Marken
der Philipp Reclam jun. GmbH & Co. KG, Stuttgart
ISBN 978-3-15-019418-8
reclam.de

Inhalt

Beantwortung der Frage: Was ist Aufklärung?

Aufklärung ist der Ausgang des Menschen aus seiner selbst verschuldeten Unmündigkeit. Unmündigkeit ist das Unvermögen, sich seines Verstandes ohne Leitung eines anderen zu bedienen. Selbstverschuldet ist diese Unmündigkeit, wenn die Ursache derselben nicht am Mangel des Verstandes, sondern der Entschließung und des Mutes liegt, sich seiner ohne Leitung eines andern zu bedienen. *Sapere aude!* Habe Mut dich deines eigenen Verstandes zu bedienen! ist also der Wahlspruch der Aufklärung.

Faulheit und Feigheit sind die Ursachen, warum ein so großer Teil der Menschen, nachdem sie die Natur längst von fremder Leitung frei gesprochen (*naturaliter maiorennes*[1]), dennoch gerne zeitlebens unmündig bleiben; und warum es Anderen so leicht wird, sich zu deren Vormündern aufzuwerfen. Es ist so bequem, unmündig zu sein. Habe ich ein Buch, das für mich Verstand hat, einen Seelsorger, der für mich Gewissen hat, einen Arzt, der für mich die Diät beurteilt, u.s.w., so brauche ich mich ja nicht selbst zu bemühen. Ich habe nicht nötig zu denken, wenn ich nur bezahlen kann; andere werden das verdrießliche Geschäft schon für mich übernehmen. Dass der bei weitem größte Teil der Menschen (darunter das ganze schöne Geschlecht[2]) den Schritt zur Mündigkeit, außer dem dass er beschwerlich ist, auch für sehr gefährlich halte: dafür sorgen schon jene Vormünder, die die Oberaufsicht über sie gütigst auf sich genommen haben. Nachdem sie ihr Hausvieh zuerst dumm gemacht haben und sorgfältig verhüteten, dass diese ruhigen Geschöpfe ja keinen Schritt außer dem Gängelwagen, darin sie sie einsperrten, wagen durften, so zeigen sie ihnen nachher die Gefahr, die ihnen droht, wenn sie es versuchen allein zu gehen. Nun ist diese Gefahr zwar eben so groß nicht, denn sie würden durch einigemal Fallen wohl endlich gehen lernen; allein ein Beispiel von der Art macht doch schüchtern und schreckt gemeiniglich von allen ferneren Versuchen ab.

Es ist also für jeden einzelnen Menschen schwer, sich aus der ihm beinahe zur Natur gewordenen Unmündigkeit herauszuarbeiten. Er hat sie sogar lieb gewonnen und ist vor der Hand wirklich unfähig, sich seines eigenen Verstandes zu bedienen, weil man ihn niemals den Versuch davon machen ließ. Satzungen und Formeln, diese mechanischen Werkzeuge eines vernünftigen Gebrauchs oder vielmehr Missbrauchs seiner Naturgaben, sind die Fußschellen einer immerwährenden Unmündigkeit. Wer sie auch abwürfe, würde dennoch auch über den schmalsten Graben einen nur unsicheren Sprung tun, weil er zu dergleichen freier Bewegung nicht gewöhnt ist. Daher gibt es nur Wenige, denen es gelungen ist, durch eigene Bearbeitung ihres Geistes sich aus der Unmündigkeit heraus zu wickeln und dennoch einen sicheren Gang zu tun.

Dass aber ein Publikum sich selbst aufkläre, ist eher möglich; ja es ist, wenn man ihm nur Freiheit lässt, beinahe unausbleiblich. Denn da werden sich immer einige Selbstdenkende sogar unter den eingesetzten Vormündern des großen Haufens finden, welche, nachdem sie das Joch der Unmündigkeit selbst abgeworfen haben, den Geist einer vernünftigen Schätzung des eigenen Werts und des Berufs jedes Menschen selbst zu denken um sich verbreiten werden. Besonders ist hiebei: dass das Publikum, welches zuvor von ihnen unter dieses Joch gebracht worden, sie hernach selbst zwingt darunter zu bleiben, wenn es von einigen seiner Vormünder, die selbst aller Aufklärung unfähig sind, dazu aufgewiegelt worden; so schädlich ist es Vorurteile zu pflanzen, weil sie sich zuletzt an denen selbst rächen, die oder deren Vorgänger ihre Urheber gewesen sind. Daher kann ein Publikum nur langsam zur Aufklärung gelangen. Durch eine Revolution wird vielleicht wohl ein Abfall von persönlichem Despotism[3] und gewinnsüchtiger oder herrschsüchtiger Bedrückung, aber niemals wahre Reform der Denkungsart zu Stande kommen; sondern neue Vorurteile werden eben sowohl als die alten zum Leitbande des gedankenlosen großen Haufens dienen.

Zu dieser Aufklärung aber wird nichts erfordert als Freiheit; und zwar die unschädlichste unter allem, was nur Freiheit heißen mag, nämlich die: von seiner Vernunft in allen Stücken öffentlichen Gebrauch zu machen. Nun höre ich aber von allen Seiten rufen: räsoniert[4] nicht! Der Offizier sagt: räsoniert nicht, sondern exerziert! Der Finanzrat: räsoniert nicht, sondern bezahlt! Der Geistliche: räsoniert nicht, sondern glaubt! (Nur ein einziger Herr[5] in der Welt sagt: räsoniert, so viel ihr wollt, und worüber ihr wollt; aber gehorcht!) Hier ist überall Einschränkung der Freiheit. Welche Einschränkung aber ist der Aufklärung hinderlich? welche nicht, sondern ihr wohl gar beförderlich? – Ich antworte: der öffentliche Gebrauch seiner Vernunft muss jederzeit frei sein, und der allein kann Aufklärung unter Menschen zu Stande bringen; der Privatgebrauch derselben aber darf öfters sehr enge eingeschränkt sein, ohne doch darum den Fortschritt der Aufklärung sonderlich zu hindern. Ich verstehe aber unter dem öffentlichen Gebrauche seiner eigenen Vernunft denjenigen, den jemand als Gelehrter von ihr vor dem ganzen Publikum der Leserwelt macht. Den Privatgebrauch nenne ich denjenigen, den er in einem gewissen ihm anvertrauten bürgerlichen Posten oder Amte von seiner Vernunft machen darf. Nun ist zu manchen Geschäften, die in das Interesse des gemeinen Wesens laufen, ein gewisser Mechanism[6] notwendig, vermittelst dessen einige Glieder des gemeinen Wesens sich bloß passiv verhalten müssen, um durch eine künstliche

Einhelligkeit von der Regierung zu öffentlichen Zwecken gerichtet, oder wenigstens von der Zerstörung dieser Zwecke abgehalten zu werden. Hier ist es nun freilich nicht erlaubt, zu räsonieren; sondern man muss gehorchen. So fern sich aber dieser Teil der Maschine zugleich als Glied eines ganzen gemeinen Wesens, ja sogar der Weltbürgergesellschaft ansieht, mithin in der Qualität eines Gelehrten, der sich an ein Publikum im eigentlichen Verstande durch Schriften wendet: kann er allerdings räsonieren, ohne dass dadurch die Geschäfte leiden, zu denen er zum Teile als passives Glied angesetzt ist. So würde es sehr verderblich sein, wenn ein Offizier, dem von seinen Oberen etwas anbefohlen wird, im Dienste über die Zweckmäßigkeit oder Nützlichkeit dieses Befehls laut vernünfteln[7] wollte; er muss gehorchen. Es kann ihm aber billigermaßen nicht verwehrt werden, als Gelehrter über die Fehler im Kriegsdienste Anmerkungen zu machen und diese seinem Publikum zur Beurteilung vorzulegen. Der Bürger kann sich nicht weigern, die ihm auferlegten Abgaben zu leisten; sogar kann ein vorwitziger Tadel solcher Auflagen, wenn sie von ihm geleistet werden sollen, als ein Skandal (das allgemeine Widersetzlichkeiten veranlassen könnte) bestraft werden. Eben derselbe handelt demungeachtet der Pflicht eines Bürgers nicht entgegen, wenn er als Gelehrter wider die Unschicklichkeit oder auch Ungerechtigkeit solcher Ausschreibungen öffentlich seine Gedanken äußert. Eben so ist ein Geistlicher verbunden, seinen Katechismusschülern und seiner Gemeinde nach dem Symbol der Kirche, der er dient, seinen Vortrag zu tun; denn er ist auf diese Bedingung angenommen worden. Aber als Gelehrter hat er volle Freiheit, ja sogar den Beruf dazu, alle seine sorgfältig geprüften und wohlmeinenden Gedanken über das Fehlerhafte in jenem Symbol und Vorschläge wegen besserer Einrichtung des Religions- und Kirchenwesens dem Publikum mitzuteilen. Es ist hiebei auch nichts, was dem Gewissen zur Last gelegt werden könnte. Denn was er zu Folge seines Amts als Geschäftträger der Kirche lehrt, das stellt er als etwas vor, in Ansehung dessen er nicht freie Gewalt hat nach eigenem Gutdünken zu lehren, sondern das er nach Vorschrift und im Namen eines andern vorzutragen angestellt ist. Er wird sagen: unsere Kirche lehrt dieses oder jenes; das sind die Beweisgründe, deren sie sich bedient. Er zieht alsdann allen praktischen Nutzen für seine Gemeinde aus Satzungen, die er selbst nicht mit voller Überzeugung unterschreiben würde, zu deren Vortrag er sich gleichwohl anheischig machen kann, weil es doch nicht ganz unmöglich ist, dass darin Wahrheit verborgen läge, auf alle Fälle aber wenigstens doch nichts der innern Religion Widersprechendes darin angetroffen wird. Denn glaubte er das letztere darin zu finden, so würde er sein Amt mit Gewissen nicht verwalten können; er müsste es niederlegen. Der Gebrauch also, den ein angestellter Lehrer von seiner Vernunft vor seiner Gemeinde macht, ist bloß ein Privatgebrauch: weil diese immer nur eine häusliche, obzwar noch so große Versammlung ist; und in Ansehung dessen ist er als Priester nicht frei und darf es auch nicht sein, weil er einen fremden Auftrag ausrichtet. Dagegen als Gelehrter, der durch Schriften zum eigentlichen Publikum, nämlich der Welt, spricht, mithin der Geistliche im öffentlichen Gebrauche seiner Vernunft genießt einer uneingeschränkten Freiheit, sich seiner eigenen Vernunft zu bedienen und in seiner eigenen Person zu sprechen. Denn dass die Vormünder des Volks (in geistlichen Dingen) selbst wieder unmündig sein sollen, ist eine Ungereimtheit, die auf Verewigung der Ungereimtheiten hinausläuft.

Aber sollte nicht eine Gesellschaft von Geistlichen, etwa eine Kirchenversammlung, oder eine ehrwürdige Classis (wie sie sich unter den Holländern selbst nennt), berechtigt sein, sich eidlich unter einander auf ein gewisses unveränderliches

Symbol zu verpflichten, um so eine unaufhörliche Obervormundschaft über jedes ihrer Glieder und vermittelst ihrer über das Volk zu führen und diese sogar zu verewigen? Ich sage: das ist ganz unmöglich. Ein solcher Kontrakt, der auf immer alle weitere Aufklärung vom Menschengeschlechte abzuhalten geschlossen würde, ist schlechterdings null und nichtig; und sollte er auch durch die oberste Gewalt, durch Reichstage und die feierlichsten Friedensschlüsse bestätigt sein. Ein Zeitalter kann sich nicht verbünden und darauf verschwören, das folgende in einen Zustand zu setzen, darin es ihm unmöglich werden muss, seine (vornehmlich so sehr angelegentliche) Erkenntnisse zu erweitern, von Irrtümern zu reinigen und überhaupt in der Aufklärung weiter zu schreiten. Das wäre ein Verbrechen wider die menschliche Natur, deren ursprüngliche Bestimmung gerade in diesem Fortschreiten besteht; und die Nachkommen sind also vollkommen dazu berechtigt, jene Beschlüsse, als unbefugter und frevelhafter Weise genommen, zu verwerfen. Der Probierstein[8] alles dessen, was über ein Volk als Gesetz beschlossen werden kann, liegt in der Frage: ob ein Volk sich selbst wohl ein solches Gesetz auferlegen könnte. Nun wäre dieses wohl gleichsam in der Erwartung eines bessern auf eine bestimmte kurze Zeit möglich, um eine gewisse Ordnung einzuführen: indem man es zugleich jedem der Bürger, vornehmlich dem Geistlichen frei ließe, in der Qualität eines Gelehrten öffentlich, d. i. durch Schriften, über das Fehlerhafte der dermaligen Einrichtung seine Anmerkungen zu machen, indessen die eingeführte Ordnung noch immer fortdauerte, bis die Einsicht in die Beschaffenheit dieser Sachen öffentlich so weit gekommen und bewährt worden, dass sie durch Vereinigung ihrer Stimmen (wenn gleich nicht aller) einen Vorschlag vor den Thron bringen könnte, um diejenigen Gemeinden in Schutz zu nehmen, die sich etwa nach ihren Begriffen der besseren Einsicht zu einer veränderten Religionseinrichtung geeinigt hätten, ohne doch diejenigen zu hindern, die es beim Alten wollten bewenden lassen. Aber auf eine beharrliche, von Niemanden öffentlich zu bezweifelnde Religionsverfassung auch nur binnen der Lebensdauer eines Menschen sich zu einigen und dadurch einen Zeitraum in dem Fortgange der Menschheit zur Verbesserung gleichsam zu vernichten und fruchtlos, dadurch aber wohl gar der Nachkommenschaft nachteilig zu machen, ist schlechterdings unerlaubt. Ein Mensch kann zwar für seine Person und auch alsdann nur auf einige Zeit in dem, was ihm zu wissen obliegt[9], die Aufklärung aufschieben; aber auf sie Verzicht zu tun, es sei für seine Person, mehr aber noch für die Nachkommenschaft, heißt die heiligen Rechte der Menschheit verletzen und mit Füßen treten. Was aber nicht einmal ein Volk über sich selbst beschließen darf, das darf noch weniger ein Monarch über das Volk beschließen; denn sein gesetzgebendes Ansehen beruht eben darauf, dass er den gesamten Volkswillen in dem seinigen vereinigt. Wenn er nur darauf sieht, dass alle wahre oder vermeinte Verbesserung mit der bürgerlichen Ordnung zusammen bestehe: so kann er seine Untertanen übrigens nur selbst machen lassen, was sie um ihres Seelenheils willen zu tun nötig finden; das geht ihn nichts an, wohl aber zu verhüten, dass nicht einer den andern gewalttätig hindere, an der Bestimmung und Beförderung desselben nach allem seinem Vermögen zu arbeiten. Es tut selbst seiner Majestät Abbruch, wenn er sich hierin mischt, indem er die Schriften, wodurch seine Untertanen ihre Einsichten ins Reine zu bringen suchen, seiner Regierungsaufsicht würdigt, sowohl wenn er dieses aus eigener höchsten Einsicht tut, wo er sich dem Vorwurfe aussetzt: *Caesar non est supra Grammaticos*,[10] als auch und noch weit mehr, wenn er seine oberste Gewalt so weit erniedrigt, den geistlichen Despotism einiger Tyrannen in seinem Staate gegen seine übrigen Untertanen zu unterstützen.

Wenn denn nun gefragt wird: Leben wir jetzt in einem aufgeklärten Zeitalter? so ist die Antwort: Nein, aber wohl in einem Zeitalter der Aufklärung. Dass die Menschen, wie die Sachen jetzt stehen, im Ganzen genommen, schon im Stande wären, oder darin auch nur gesetzt werden könnten, in Religionsdingen sich ihres eigenen Verstandes ohne Leitung eines Andern sicher und gut zu bedienen, daran fehlt noch sehr viel. Allein dass jetzt ihnen doch das Feld geöffnet wird, sich dahin frei zu bearbeiten, und die Hindernisse der allgemeinen Aufklärung, oder des Ausganges aus ihrer selbst verschuldeten Unmündigkeit allmählig weniger werden, davon haben wir doch deutliche Anzeigen. In diesem Betracht ist dieses Zeitalter das Zeitalter der Aufklärung, oder das Jahrhundert Friederichs.[11]

Ein Fürst, der es seiner nicht unwürdig findet, zu sagen: dass er es für Pflicht halte, in Religionsdingen den Menschen nichts vorzuschreiben, sondern ihnen darin volle Freiheit zu lassen, der also selbst den hochmütigen Namen der Toleranz von sich ablehnt, ist selbst aufgeklärt und verdient von der dankbaren Welt und Nachwelt als derjenige gepriesen zu werden, der zuerst das menschliche Geschlecht der Unmündigkeit wenigstens von Seiten der Regierung entschlug und Jedem frei ließ, sich in allem, was Gewissensangelegenheit ist, seiner eigenen Vernunft zu bedienen. Unter ihm dürfen verehrungswürdige Geistliche unbeschadet ihrer Amtspflicht ihre vom angenommenen Symbol hier oder da abweichenden Urteile und Einsichten in der Qualität der Gelehrten frei und öffentlich der Welt zur Prüfung darlegen; noch mehr aber jeder andere, der durch keine Amtspflicht eingeschränkt ist. Dieser Geist der Freiheit breitet sich auch außerhalb aus, selbst da, wo er mit äußeren Hindernissen einer sich selbst missverstehenden Regierung zu ringen hat. Denn es leuchtet dieser doch ein Beispiel vor, dass bei Freiheit für die öffentliche Ruhe und Einigkeit des gemeinen Wesens nicht das Mindeste zu besorgen sei. Die Menschen arbeiten sich von selbst nach und nach aus der Rohigkeit heraus, wenn man nur nicht absichtlich künstelt, um sie darin zu erhalten.

Ich habe den Hauptpunkt der Aufklärung, die des Ausganges der Menschen aus ihrer selbst verschuldeten Unmündigkeit, vorzüglich in Religionssachen gesetzt: weil in Ansehung der Künste und Wissenschaften unsere Beherrscher kein Interesse haben, den Vormund über ihre Untertanen zu spielen; überdem auch jene Unmündigkeit, so wie die schädlichste, also auch die entehrendste unter allen ist. Aber die Denkungsart eines Staatsoberhaupts, der die erstere begünstigt, geht noch weiter und sieht ein: dass selbst in Ansehung seiner Gesetzgebung es ohne Gefahr sei, seinen Untertanen zu erlauben, von ihrer eigenen Vernunft öffentlichen Gebrauch zu machen und ihre Gedanken über eine bessere Abfassung derselben sogar mit einer freimütigen Kritik der schon gegebenen der Welt öffentlich vorzulegen; davon wir ein glänzendes Beispiel haben, wodurch noch kein Monarch demjenigen vorging, welchen wir verehren.

Aber auch nur derjenige, der, selbst aufgeklärt, sich nicht vor Schatten fürchtet, zugleich aber ein wohldiszipliniertes zahlreiches Heer zum Bürgen der öffentlichen Ruhe zur Hand hat, kann das sagen, was ein Freistaat nicht wagen darf: räsoniert, so viel ihr wollt, und worüber ihr wollt; nur gehorcht! So zeigt sich hier ein befremdlicher, nicht erwarteter Gang menschlicher Dinge; so wie auch sonst, wenn man ihn im Großen betrachtet, darin fast alles paradox ist. Ein größerer Grad bürgerlicher Freiheit scheint der Freiheit des Geistes des Volks vorteilhaft und setzt ihr doch unübersteigliche Schranken; ein Grad weniger von jener verschafft hingegen diesem Raum, sich nach allem seinem Vermögen auszubreiten. Wenn denn die Natur unter dieser harten Hülle den

Keim, für den sie am zärtlichsten sorgt, nämlich den Hang und Beruf zum freien Denken, ausgewickelt hat: so wirkt dieser allmählig zurück auf die Sinnesart des Volks (wodurch dieses der Freiheit zu handeln nach und nach fähiger wird) und endlich auch sogar auf die Grundsätze der Regierung, die es ihr selbst zuträglich findet, den Menschen, der nun mehr als Maschine ist, seiner Würde gemäß zu behandeln.*

Königsberg in Preußen, den 30. Septemb. 1784.

* In den Büsching'schen wöchentlichen Nachrichten vom 13. Sept. lese ich heute den 30sten eben dess. die Anzeige der Berlinischen Monatsschrift von diesem Monat, worin des Herrn Mendelssohn Beantwortung eben derselben Frage angeführt wird. Mir ist sie noch nicht zu Händen gekommen; sonst würde sie die gegenwärtige zurückgehalten haben, die jetzt nur zum Versuche da stehen mag, wiefern der Zufall Einstimmigkeit der Gedanken zuwege bringen könne.

Was heißt: Sich im Denken orientieren?

Wir mögen unsre Begriffe noch so hoch anlegen und dabei noch so sehr von der Sinnlichkeit abstrahieren, so hängen ihnen doch noch immer bildliche Vorstellungen an, deren eigentliche Bestimmung es ist, sie, die sonst nicht von der Erfahrung abgeleitet sind, zum Erfahrungsgebrauche tauglich zu machen. Denn wie wollten wir auch unseren Begriffen Sinn und Bedeutung verschaffen, wenn ihnen nicht irgend eine Anschauung (welche zuletzt immer ein Beispiel aus irgend einer möglichen Erfahrung sein muss) untergelegt würde? Wenn wir hernach[1] von dieser konkreten Verstandeshandlung die Beimischung des Bildes, zuerst der zufälligen Wahrnehmung durch Sinne, dann sogar die reine sinnliche Anschauung überhaupt weglassen: so bleibt jener reine Verstandesbegriff übrig, dessen Umfang nun erweitert ist und eine Regel des Denkens überhaupt enthält. Auf solche Weise ist selbst die allgemeine Logik zu Stande gekommen; und manche heuristische[2] Methode zu denken liegt in dem Erfahrungsgebrauche unseres Verstandes und der Vernunft vielleicht noch verborgen, welche, wenn wir sie behutsam aus jener Erfahrung herauszuziehen verständen, die Philosophie wohl mit mancher nützlichen Maxime selbst im abstrakten Denken bereichern könnte.

Von dieser Art ist der Grundsatz, zu dem der sel. Mendelssohn[3], so viel ich weiß, nur in seinen letzten Schriften (den Morgenstunden S. 164–65 und dem Briefe an Lessings Freunde S. 33 und 67) sich ausdrücklich bekannte; nämlich die Maxime der Notwendigkeit, im spekulativen Gebrauche der Vernunft (welchem er sonst in Ansehung der Erkenntnis übersinnlicher Gegenstände sehr viel, sogar bis zur Evidenz der Demonstration, zutraute) durch ein gewisses Leitungsmittel, welches er bald den Gemeinsinn (Morgenstunden), bald die gesunde Vernunft, bald den schlichten Menschenverstand (an Lessings Freunde) nannte, sich zu **orientieren**. Wer hätte denken sollen, dass dieses Geständnis nicht allein seiner vorteilhaften Meinung von der Macht des spekulativen Vernunftgebrauchs in Sachen der Theologie so verderblich werden sollte (welches in der Tat unvermeidlich war); sondern dass selbst die gemeine gesunde Vernunft bei der Zweideutigkeit, worin er die Ausübung dieses Vermögens im Gegensatze mit der Spekulation ließ, in Gefahr geraten würde, zum Grundsatze der Schwärmerei und der gänzlichen Entthronung der Vernunft zu dienen? Und doch geschah dieses in der Mendelssohn- und Jacobi'schen Streitigkeit[4] vornehmlich durch die nicht unbedeutenden Schlüsse des scharfsinnigen Verfassers der Resultate*; wiewohl ich keinem von beiden die Absicht, eine so verderbliche Denkungsart in Gang zu bringen, beilegen will, sondern des letzteren Unternehmung lieber als *argumentum ad hominem*[5] ansehe, dessen man sich zur bloßen Gegenwehr zu bedienen wohl berechtigt ist, um die Blöße, die der Gegner gibt, zu dessen Nachteil zu benutzen. Andererseits werde ich zeigen: dass es in der Tat bloß die Vernunft, nicht ein vorgeblicher geheimer Wahrheitssinn, keine überschwengliche Anschauung unter dem Namen des Glaubens, worauf Tradition oder Offenbarung ohne Einstimmung der Vernunft gepfropft[6] werden kann, sondern, wie Mendelssohn standhaft und mit gerechtem Eifer behauptete, bloß die eigentliche reine Menschenvernunft sei, wodurch er es nötig fand und anpries, sich zu orientieren;

* Jacobi, Briefe über die Lehre des Spinoza. Breslau 1785. – Jacobi wider Mendelssohns Beschuldigung betreffend die Briefe über die Lehre des Spinoza. Leipzig 1786. – Die Resultate der Jacobischen und Mendelssohnschen Philosophie, kritisch untersucht von einem Freiwilligen. Ebendas.

obzwar freilich hiebei der hohe Anspruch des spekulativen Vermögens derselben, vornehmlich ihr allein gebietendes Ansehen (durch Demonstration) wegfallen und ihr, so fern sie spekulativ ist, nichts weiter als das Geschäft der Reinigung des gemeinen Vernunftbegriffs von Widersprüchen und die Verteidigung gegen ihre eigenen sophistischen Angriffe auf die Maximen einer gesunden Vernunft übrig gelassen werden muss. – Der erweiterte und genauer bestimmte Begriff des Sichorientierens kann uns behülflich sein, die Maxime der gesunden Vernunft in ihren Bearbeitungen zur Erkenntnis übersinnlicher Gegenstände deutlich darzustellen.

Sich orientieren heißt in der eigentlichen Bedeutung des Worts: aus einer gegebenen Weltgegend (in deren vier wir den Horizont einteilen) die übrigen, namentlich den Aufgang zu finden. Sehe ich nun die Sonne am Himmel und weiß, dass es nun die Mittagszeit ist, so weiß ich Süden, Westen, Norden und Osten zu finden. Zu diesem Behuf[7] bedarf ich aber durchaus das Gefühl eines Unterschiedes an meinem eigenen Subjekt, nämlich der rechten und linken Hand. Ich nenne es ein Gefühl: weil diese zwei Seiten äußerlich in der Anschauung keinen merklichen Unterschied zeigen. Ohne dieses Vermögen: in der Beschreibung eines Zirkels, ohne an ihm irgend eine Verschiedenheit der Gegenstände zu bedürfen, doch die Bewegung von der Linken zur Rechten von der in entgegengesetzter Richtung zu unterscheiden und dadurch eine Verschiedenheit in der Lage der Gegenstände *a priori* zu bestimmen, würde ich nicht wissen, ob ich Westen dem Südpunkte des Horizonts zur Rechten oder zur Linken setzen und so den Kreis durch Norden und Osten bis wieder zu Süden vollenden sollte. Also orientiere ich mich geographisch bei allen objektiven Datis[8] am Himmel doch nur durch einen subjektiven Unterscheidungsgrund; und wenn in einem Tage durch ein Wunder alle Sternbilder zwar übrigens dieselbe Gestalt und eben dieselbe Stellung gegen einander behielten, nur dass die Richtung derselben, die sonst östlich war, jetzt westlich geworden wäre, so würde in der nächsten sternhellen Nacht zwar kein menschliches Auge die geringste Veränderung bemerken, und selbst der Astronom, wenn er bloß auf das, was er sieht, und nicht zugleich, was er fühlt, Acht gäbe, würde sich unvermeidlich desorientieren. So aber kommt ihm ganz natürlich das zwar durch die Natur angelegte, aber durch öftere Ausübung gewohnte Unterscheidungsvermögen durchs Gefühl der rechten und linken Hand zu Hülfe; und er wird, wenn er nur den Polarstern ins Auge nimmt, nicht allein die vorgegangene Veränderung bemerken, sondern sich auch ungeachtet derselben orientieren können.

Diesen geographischen Begriff des Verfahrens sich zu orientieren kann ich nun erweitern und darunter verstehen: sich in einem gegebenen Raum überhaupt, mithin bloß mathematisch orientieren. Im Finstern orientiere ich mich in einem mir bekannten Zimmer, wenn ich nur einen einzigen Gegenstand, dessen Stelle ich im Gedächtnis habe, anfassen kann. Aber hier hilft mir offenbar nichts als das Bestimmungsvermögen der Lagen nach einem subjektiven Unterscheidungsgrunde: denn die Objekte, deren Stelle ich finden soll, sehe ich gar nicht; und hätte jemand mir zum Spaße alle Gegenstände zwar in derselben Ordnung unter einander, aber links gesetzt, was vorher rechts war, so würde ich mich in einem Zimmer, wo sonst alle Wände ganz gleich wären, gar nicht finden können. So aber orientiere ich mich bald durch das bloße Gefühl eines Unterschiedes meiner zwei Seiten, der rechten und der linken. Eben das geschieht, wenn ich zur Nachtzeit auf mir sonst bekannten Straßen, in denen ich jetzt kein Haus unterscheide, gehen und mich gehörig wenden soll.

Endlich kann ich diesen Begriff noch mehr erweitern, da er denn in dem Vermögen bestände, sich nicht bloß im Raume, d.i. mathematisch, sondern überhaupt im Denken, d.i. logisch, zu orientieren. Man kann nach der Analogie leicht erraten, dass dieses ein Geschäft der reinen Vernunft sein werde, ihren Gebrauch zu lenken, wenn sie, von bekannten Gegenständen (der Erfahrung) ausgehend, sich über alle Grenzen der Erfahrung erweitern will und ganz und gar kein Objekt der Anschauung, sondern bloß Raum für dieselbe findet; da sie alsdann gar nicht mehr im Stande ist, nach objektiven Gründen der Erkenntnis, sondern lediglich nach einem subjektiven Unterscheidungsgrunde in der Bestimmung ihres eigenen Urteilsvermögens ihre Urteile unter eine bestimmte Maxime zu bringen*. Dies subjektive Mittel, das alsdann noch übrig bleibt, ist kein anderes, als das Gefühl des der Vernunft eigenen **Bedürfnisses**. Man kann vor allem Irrtum gesichert bleiben, wenn man sich da nicht unterfängt[9] zu urteilen, wo man nicht so viel weiß, als zu einem bestimmenden Urteile erforderlich ist. Also ist Unwissenheit an sich die Ursache zwar der Schranken, aber nicht der Irrtümer in unserer Erkenntnis. Aber wo es nicht so willkürlich ist, ob man über etwas bestimmt urteilen wolle oder nicht, wo ein wirkliches Bedürfnis und wohl gar ein solches, welches der Vernunft an sich selbst anhängt, das Urteilen notwendig macht, und gleichwohl Mangel des Wissens in Ansehung der zum Urteil erforderlichen Stücke uns einschränkt: da ist eine Maxime nötig, wornach wir unser Urteil fällen; denn die Vernunft will einmal befriedigt sein. Wenn denn vorher schon ausgemacht ist, dass es hier keine Anschauung vom Objekte, nicht einmal etwas mit diesem Gleichartiges geben könne, wodurch wir unseren erweiterten Begriffen den ihnen angemessenen Gegenstand darstellen und diese al-

* Sich im Denken überhaupt orientieren, heißt also: sich bei der Unzulänglichkeit der objektiven Prinzipien der Vernunft im Fürwahrhalten nach einem subjektiven Prinzip derselben bestimmen.

so ihrer realen Möglichkeit wegen sichern könnten: so wird für uns nichts weiter zu tun übrig sein, als zuerst den Begriff, mit welchem wir uns über alle mögliche Erfahrung hinaus wagen wollen, wohl zu prüfen, ob er auch von Widersprüchen frei sei; und dann wenigstens das Verhältnis des Gegenstandes zu den Gegenständen der Erfahrung unter reine Verstandesbegriffe zu bringen, wodurch wir ihn noch gar nicht versinnlichen, aber doch etwas Übersinnliches wenigstens tauglich zum Erfahrungsgebrauche unserer Vernunft denken; denn ohne diese Vorsicht würden wir von einem solchen Begriffe gar keinen Gebrauch machen können, sondern schwärmen, anstatt zu denken.

Allein hiedurch, nämlich durch den bloßen Begriff, ist doch noch nichts in Ansehung der Existenz dieses Gegenstandes und der wirklichen Verknüpfung desselben mit der Welt (dem Inbegriffe aller Gegenstände möglicher Erfahrung) ausgerichtet. Nun aber tritt das Recht des Bedürfnisses der Vernunft ein, als eines subjektiven Grundes etwas vorauszusetzen und anzunehmen, was sie durch objektive Gründe zu wissen sich nicht anmaßen darf; und folglich sich im Denken, im unermesslichen und für uns mit dicker Nacht erfüllten Raume des Übersinnlichen, lediglich durch ihr eigenes Bedürfnis zu orientieren.

Es lässt sich manches Übersinnliche denken (denn Gegenstände der Sinne füllen doch nicht das ganze Feld aller Möglichkeit aus), wo die Vernunft gleichwohl kein Bedürfnis fühlt, sich bis zu demselben zu erweitern, viel weniger dessen Dasein anzunehmen. Die Vernunft findet an den Ursachen in der Welt, welche sich den Sinnen offenbaren (oder wenigstens von derselben Art sind, als die, so sich ihnen offenbaren), Beschäftigung genug, um nicht den Einfluss reiner geistiger Naturwesen zu deren Behuf nötig zu haben, deren Annehmung vielmehr ihrem Gebrauche nachteilig sein würde. Denn da wir von den Gesetzen, nach welchen solche Wesen wirken mögen, nichts, von jenen aber, nämlich den Gegenständen der Sinne, vieles wissen, wenigstens noch zu erfahren hoffen können: so würde durch solche Voraussetzung dem Gebrauche der Vernunft vielmehr Abbruch geschehen. Es ist also gar kein Bedürfnis, es ist vielmehr bloßer Vorwitz, der auf nichts als Träumerei ausläuft[10], darnach zu forschen, oder mit Hirngespinsten der Art zu spielen. Ganz anders ist es mit dem Begriffe von einem ersten Urwesen, als oberster Intelligenz und zugleich als dem höchsten Gute, bewandt. Denn nicht allein, dass unsere Vernunft schon ein Bedürfnis fühlt, den Begriff des Uneingeschränkten dem Begriffe alles Eingeschränkten, mithin aller anderen Dinge* zum Grunde zu legen; so geht dieses Bedürf-

* Da die Vernunft zur Möglichkeit aller Dinge Realität als gegeben vorauszusetzen bedarf und die Verschiedenheit der Dinge durch ihnen anhängende Negationen nur als Schranken betrachtet: so sieht sie sich genötigt, eine einzige Möglichkeit, nämlich die des uneingeschränkten Wesens, als ursprünglich zum Grunde zu legen, alle anderen aber als abgeleitet zu betrachten. Da auch die durchgängige Möglichkeit eines jeden Dinges durchaus im Ganzen aller Existenz angetroffen werden muss, wenigstens der Grundsatz der durchgängigen Bestimmung die Unterscheidung des Möglichen vom Wirklichen unserer Vernunft nur auf solche Art möglich macht: so finden wir einen subjektiven Grund der Notwendigkeit, d. i. ein Bedürfnis unserer Vernunft selbst, aller Möglichkeit das Dasein eines allerrealsten (höchsten) Wesens zum Grunde zu legen. So entspringt nun der Cartesianische Beweis vom Dasein Gottes [der sogenannte ontologische Gottesbeweis, der vom Begriff bzw. der Begriffsbedeutung auf die Existenz Gottes schließt], indem subjektive Gründe etwas für den Gebrauch der Vernunft (der im Grunde immer nur ein Erfahrungsgebrauch bleibt) voraus zu setzen für objektiv – mithin Bedürfnis für Einsicht – gehalten werden. So ist es mit diesem, so ist es mit allen Beweisen des würdigen Mendelssohn in seinen Morgenstunden bewandt. Sie leisten

nis auch auf die Voraussetzung des Daseins desselben, ohne welche sie sich von der Zufälligkeit der Existenz der Dinge in der Welt, am wenigsten aber von der Zweckmäßigkeit und Ordnung, die man in so bewunderungswürdigem Grade (im Kleinen, weil es uns nahe ist, noch mehr wie im Großen) allenthalben antrifft, gar keinen befriedigenden Grund angeben kann. Ohne einen verständigen Urheber anzunehmen, lässt sich, ohne in lauter Ungereimtheiten zu verfallen, wenigstens

nichts zum Behuf einer Demonstration. Darum sind sie aber keinesweges unnütz. Denn nicht zu erwähnen, welchen schönen Anlass diese überaus scharfsinnigen Entwickelungen der subjektiven Bedingungen des Gebrauchs unserer Vernunft zu der vollständigen Erkenntnis dieses unsers Vermögens geben, als zu welchem Behuf sie bleibende Beispiele sind: so ist das Fürwahrhalten aus subjektiven Gründen des Gebrauchs der Vernunft, wenn uns objektive mangeln und wir dennoch zu urteilen genötigt sind, immer noch von großer Wichtigkeit; nur müssen wir das, was nur abgenötigte Voraussetzung ist, nicht für freie Einsicht ausgeben, um dem Gegner, mit dem wir uns aufs Dogmatisieren eingelassen haben, nicht ohne Not Schwächen darzubieten, deren er sich zu unserem Nachteil bedienen kann. Mendelssohn dachte wohl nicht daran, dass das Dogmatisieren mit der reinen Vernunft im Felde des Übersinnlichen der gerade Weg zur philosophischen Schwärmerei sei, und dass nur Kritik eben desselben Vernunftvermögens diesem Übel gründlich abhelfen könne. Zwar kann die Disziplin der scholastischen Methode (der Wolffischen [gemeint ist der berühmte Logiker Christian Wolff, 1679–1754] z. B., die er darum auch anriet), da alle Begriffe durch Definitionen bestimmt und alle Schritte durch Grundsätze gerechtfertigt werden müssen, diesen Unfug wirklich eine Zeit lang hemmen, aber keinesweges gänzlich abhalten. Denn mit welchem Rechte will man der Vernunft, der es einmal in jenem Felde seinem eigenen Geständnisse nach so wohl gelungen ist, verwehren, in eben demselben noch weiter zu gehen? und wo ist dann die Grenze, wo sie stehen bleiben muss?

kein verständlicher Grund davon angeben; und ob wir gleich die Unmöglichkeit einer solchen Zweckmäßigkeit ohne eine erste verständige Ursache nicht beweisen können (denn alsdann hätten wir hinreichende objektive Gründe dieser Behauptung und bedürften es nicht, uns auf den subjektiven zu berufen): so bleibt bei diesem Mangel der Einsicht doch ein genugsamer subjektiver Grund der Annehmung derselben darin, dass die Vernunft es bedarf: etwas, was ihr verständlich ist, voraus zu setzen, um diese gegebene Erscheinung daraus zu erklären, da alles, womit sie sonst nur einen Begriff verbinden kann, diesem Bedürfnisse nicht abhilft.

Man kann aber das Bedürfnis der Vernunft als zwiefach ansehen: erstlich in ihrem theoretischen, zweitens in ihrem praktischen Gebrauch. Das erste Bedürfnis habe ich eben angeführt; aber man sieht wohl, dass es nur bedingt sei, d. i. wir müssen die Existenz Gottes annehmen, wenn wir über die ersten Ursachen alles Zufälligen vornehmlich in der Ordnung der wirklich in der Welt gelegten Zwecke urteilen wollen. Weit wichtiger ist das Bedürfnis der Vernunft in ihrem praktischen Gebrauche, weil es unbedingt ist, und wir die Existenz Gottes voraus zu setzen nicht bloß alsdann genötigt werden, wenn wir urteilen wollen, sondern weil wir urteilen müssen. Denn der reine praktische Gebrauch der Vernunft besteht in der Vorschrift der moralischen Gesetze. Sie führen aber alle auf die Idee des höchsten Gutes, was in der Welt möglich ist, so fern es allein durch Freiheit möglich ist: die Sittlichkeit; von der anderen Seite auch auf das, was nicht bloß auf menschliche Freiheit, sondern auch auf die Natur ankommt, nämlich auf die größte Glückseligkeit, so fern sie in Proportion[11] der ersten ausgeteilt ist. Nun bedarf die Vernunft, ein solches abhängiges höchste Gut und zum Behuf desselben eine oberste Intelligenz als höchstes unabhängiges Gut anzunehmen: zwar nicht um davon das verbindende Ansehen der moralischen Gesetze, oder die Triebfeder zu ihrer Beobachtung abzuleiten (denn sie würden keinen moralischen Wert haben, wenn ihr Bewegungsgrund von etwas anderem, als von dem Gesetz allein, das für sich apodiktisch[12] gewiss ist, abgeleitet würde); sondern nur um dem Begriffe vom höchsten Gut objektive Realität zu geben, d.i. zu verhindern, dass es zusammt[13] der ganzen Sittlichkeit nicht bloß für ein bloßes Ideal gehalten werde, wenn dasjenige nirgend existierte, dessen Idee die Moralität unzertrennlich begleitet.

Es ist also nicht Erkenntnis, sondern gefühltes* Bedürfnis der Vernunft, wodurch sich Mendelssohn (ohne sein Wissen) im spekulativen Denken orientierte. Und da dieses Leitungsmittel nicht ein objektives Prinzip der Vernunft, ein Grundsatz der Einsichten, sondern ein bloß subjektives (d.i. eine Maxime) des ihr durch ihre Schranken allein erlaubten Gebrauchs, ein Folgesatz des Bedürfnisses, ist und für sich allein den ganzen Bestimmungsgrund unsers Urteils über das Dasein des höchsten Wesens ausmacht, von dem es nur ein zufälliger Gebrauch ist sich in den spekulativen Versuchen über denselben Gegenstand zu orientieren: so fehlte[14] er hierin allerdings, dass er dieser Spekulation dennoch so viel Vermögen zutraute, für sich allein auf dem Wege der Demonstration alles auszurichten. Die Notwendigkeit des ersteren Mittels konnte nur Statt finden, wenn die Unzulänglichkeit des letzteren völlig zugestanden war: ein Geständnis, zu wel-

* Die Vernunft fühlt nicht; sie sieht ihren Mangel ein und wirkt durch den Erkenntnistrieb das Gefühl des Bedürfnisses. Es ist hiemit, wie mit dem moralischen Gefühl bewandt, welches kein moralisches Gesetz verursacht, denn dieses entspringt gänzlich aus der Vernunft; sondern durch moralische Gesetze, mithin durch die Vernunft verursacht oder gewirkt wird, indem der rege und doch freie Wille bestimmter Gründe bedarf.

chem ihn seine Scharfsinnigkeit doch zuletzt würde gebracht haben, wenn mit einer längeren Lebensdauer ihm auch die den Jugendjahren mehr eigene Gewandtheit des Geistes, alte, gewohnte Denkungsart nach Veränderung des Zustandes der Wissenschaften leicht umzuändern, wäre vergönnt gewesen. Indessen bleibt ihm doch das Verdienst, dass er darauf bestand: den letzten Probierstein[15] der Zulässigkeit eines Urteils hier wie allerwärts nirgend, als allein in der Vernunft zu suchen, sie mochte nun durch Einsicht oder bloßes Bedürfnis und die Maxime ihrer eigenen Zuträglichkeit in der Wahl ihrer Sätze geleitet werden. Er nannte die Vernunft in ihrem letzteren Gebrauche die gemeine Menschenvernunft; denn dieser ist ihr eigenes Interesse jederzeit zuerst vor Augen, indes man aus dem natürlichen Geleise schon muss getreten sein, um jenes zu vergessen und müßig unter Begriffen in objektiver Rücksicht zu spähen, um bloß sein Wissen, es mag nötig sein oder nicht, zu erweitern.

Da aber der Ausdruck: Ausspruch der gesunden Vernunft, in vorliegender Frage immer noch zweideutig ist und entweder, wie ihn selbst Mendelssohn missverstand, für ein Urteil aus Vernunfteinsicht, oder, wie ihn der Verfasser der Resultate zu nehmen scheint, ein Urteil aus Vernunfteingebung genommen werden kann: so wird nötig sein, dieser Quelle der Beurteilung eine andere Benennung zu geben, und keine ist ihr angemessener, als die eines **Vernunftglaubens**. Ein jeder Glaube, selbst der historische muss zwar vernünftig sein (denn der letzte Probierstein der Wahrheit ist immer die Vernunft); allein ein Vernunftglaube ist der, welcher sich auf keine andere Data gründet als die, so in der reinen Vernunft enthalten sind. Aller Glaube ist nun ein subjektiv zureichendes, objektiv aber mit Bewusstsein unzureichendes Fürwahrhalten; also wird er dem Wissen entgegengesetzt. Andrerseits, wenn aus objektiven, obzwar mit Bewusstsein unzureichenden, Gründen etwas für wahr gehalten, mithin bloß gemeint wird: so kann dieses Meinen doch durch allmählige Ergänzung in derselben Art von Gründen endlich ein Wissen werden. Dagegen wenn die Gründe des Fürwahrhaltens ihrer Art nach gar nicht objektiv gültig sind, so kann der Glaube durch keinen Gebrauch der Vernunft jemals ein Wissen werden. Der historische Glaube z. B. von dem Tode eines großen Mannes, den einige Briefe berichten, kann ein Wissen werden, wenn die Obrigkeit des Orts denselben, sein Begräbnis, Testament u. s. w. meldet. Dass daher etwas historisch bloß auf Zeugnisse für wahr gehalten, d. i. geglaubt wird, z. B. dass eine Stadt Rom in der Welt sei, und doch derjenige, der niemals da gewesen, sagen kann: ich weiß, und nicht bloß: ich glaube, es existiere ein Rom, das steht ganz wohl beisammen. Dagegen kann der reine Vernunftglaube durch alle natürliche Data der Vernunft und Erfahrung niemals in ein Wissen verwandelt werden, weil der Grund des Fürwahrhaltens hier bloß subjektiv, nämlich ein notwendiges Bedürfnis der Vernunft, ist (und, so lange wir Menschen sind, immer bleiben wird), das Dasein eines höchsten Wesens nur vorauszusetzen, nicht zu demonstrieren. Dieses Bedürfnis der Vernunft zu ihrem sie befriedigenden theoretischen Gebrauche würde nichts anders als reine Vernunfthypothese sein, d. i. eine Meinung, die aus subjektiven Gründen zum Fürwahrhalten zureichend wäre: darum, weil man gegebene Wirkungen zu erklären niemals einen andern als diesen Grund erwarten kann, und die Vernunft doch einen Erklärungsgrund bedarf. Dagegen der Vernunftglaube, der auf dem Bedürfnis ihres Gebrauchs in praktischer Absicht beruht, ein Postulat der Vernunft heißen könnte: nicht als ob es eine Einsicht wäre, welche aller logischen Forderung zur Gewissheit Genüge täte, sondern weil dieses Fürwahrhalten (wenn in dem Menschen alles nur moralisch gut bestellt ist) dem Grade nach keinem Wissen nachsteht*, ob es gleich der Art nach davon völlig unterschieden ist.

Ein reiner Vernunftglaube ist also der Wegweiser oder Kompass, wodurch der spekulative Denker sich auf seinen Vernunftstreifereien im Felde übersinnlicher Gegenstände orientieren, der Mensch von gemeiner, doch (moralisch) gesunder Vernunft aber seinen Weg sowohl in theoretischer als praktischer Absicht dem ganzen Zwecke seiner Bestimmung völlig angemessen vorzeichnen kann; und dieser Vernunftglaube ist es auch, der jedem anderen Glauben, ja jeder Offenbarung zum Grunde gelegt werden muss.

Der Begriff von Gott und selbst die Überzeugung von seinem Dasein kann nur allein in der Vernunft angetroffen werden, von ihr allein ausgehen und weder durch Eingebung, noch durch eine erteilte Nachricht von noch so großer Autorität zuerst in uns kommen. Widerfährt mir eine unmittelbare Anschauung von einer solchen Art, als sie mir die Natur, so weit ich sie kenne, gar nicht liefern kann: so muss doch ein Begriff von Gott zur Richtschnur dienen, ob diese Erscheinung auch mit allem dem übereinstimme, was zu dem Charakteristischen einer Gottheit erforderlich ist. Ob ich gleich nun gar nicht einsehe, wie es möglich sei, dass irgend eine Erscheinung dasjenige auch nur der Qualität nach darstelle, was sich immer

* Zur Festigkeit des Glaubens gehört das Bewusstsein seiner Unveränderlichkeit. Nun kann ich völlig gewiss sein, dass mir niemand den Satz: Es ist ein Gott, werde widerlegen können; denn wo will er diese Einsicht hernehmen? Also ist es mit dem Vernunftglauben nicht so, wie mit dem historischen bewandt, bei dem es immer noch möglich ist, dass Beweise zum Gegenteil aufgefunden würden, und wo man sich immer noch vorbehalten muss, seine Meinung zu ändern, wenn sich unsere Kenntnis der Sachen erweitern sollte.

nur denken, niemals aber anschauen lässt: so ist doch wenigstens so viel klar, dass, um nur zu urteilen, ob das Gott sei, was mir erscheint, was auf mein Gefühl innerlich oder äußerlich wirkt, ich ihn an meinen Vernunftbegriff von Gott halten und darnach prüfen müsse, nicht ob er diesem adäquat sei, sondern bloß ob er ihm nicht widerspreche. Eben so: wenn auch bei allem, wodurch er sich mir unmittelbar entdeckte, nichts angetroffen würde, was jenem Begriffe widerspräche: so würde dennoch diese Erscheinung, Anschauung, unmittelbare Offenbarung, oder wie man sonst eine solche Darstellung nennen will, das Dasein eines Wesens niemals beweisen, dessen Begriff (wenn er nicht unsicher bestimmt und daher der Beimischung alles möglichen Wahnes unterworfen werden soll) Unendlichkeit der Größe nach zur Unterscheidung von allem Geschöpfe fordert, welchem Begriffe aber gar keine Erfahrung oder Anschauung adäquat sein, mithin auch niemals das Dasein eines solchen Wesens unzweideutig beweisen kann. Vom Dasein des höchsten Wesens kann also niemand durch irgend eine Anschauung zuerst überzeugt werden; der Vernunftglaube muss vorhergehen, und alsdann könnten allenfalls gewisse Erscheinungen oder Eröffnungen Anlass zur Untersuchung geben, ob wir das, was zu uns spricht oder sich uns darstellt, wohl befugt sind für eine Gottheit zu halten, und nach Befinden jenen Glauben bestätigen.

Wenn also der Vernunft in Sachen, welche übersinnliche Gegenstände betreffen, als das Dasein Gottes und die künftige Welt, das ihr zustehende Recht zuerst zu sprechen bestritten wird: so ist aller Schwärmerei, Aberglauben, ja selbst der Atheisterei eine weite Pforte geöffnet. Und doch scheint in der Jacobischen und Mendelssohnischen Streitigkeit alles auf diesen Umsturz, ich weiß nicht recht, ob bloß der Vernunfteinsicht und des Wissens (durch vermeinte Stärke in der Spekulation), oder auch sogar des Vernunftglaubens, und dagegen auf die Errichtung eines andern Glaubens, den sich ein jeder nach seinem Belieben machen kann, angelegt. Man sollte beinahe auf das letztere schließen, wenn man den Spinozistischen[16] Begriff von Gott als den einzigen mit allen Grundsätzen der Vernunft stimmigen* und dennoch ver-

* Es ist kaum zu begreifen, wie gedachte Gelehrte in der Kritik der reinen Vernunft [Kants eigenes, berühmtes Werk] Vorschub zum Spinozism [Spinozismus: Lehre der Philosophie des Niederländers Baruch de Spinoza (1632–1677)] finden konnten. Die Kritik beschneidet dem Dogmatism [Dogmatismus: Lehre der Auslegung der christlichen Glaubenslehre] gänzlich die Flügel in Ansehung der Erkenntnis übersinnlicher Gegenstände, und der Spinozism ist hierin so dogmatisch, dass er sogar mit dem Mathematiker in Ansehung der Strenge des Beweises wetteifert. Die Kritik beweiset: dass die Tafel der reinen Verstandesbegriffe alle Materialien des reinen Denkens enthalten müsse; der Spinozism spricht von Gedanken, die doch selbst denken, und also von einem Accidens [von lat. ›Akzidens‹, das sich Verändernde, Zufällige, nicht Wesentliche], das doch zugleich für sich als Subjekt existiert: ein Begriff, der sich im menschlichen Verstande gar nicht findet und sich auch in ihn nicht bringen lässt. Die Kritik zeigt: es reiche noch lange nicht zur Behauptung der Möglichkeit eines selbst gedachten Wesens zu, dass in seinem Begriffe nichts Widersprechendes sei (wiewohl es alsdann nötigenfalls allerdings erlaubt bleibt, diese Möglichkeit anzunehmen); der Spinozism gibt aber vor, die Unmöglichkeit eines Wesens einzusehen, dessen Idee aus lauter reinen Verstandesbegriffen besteht, wovon man nur alle Bedingungen der Sinnlichkeit abgesondert hat, worin also niemals ein Widerspruch angetroffen werden kann, und vermag doch diese über alle Grenzen gehende Anmaßung durch gar nichts zu unterstützen. Eben um dieser willen führt der Spinozism gerade zur Schwärmerei. Dagegen gibt es kein einziges sicheres Mittel alle Schwärmerei mit der Wurzel auszurotten, als jene Grenzbestimmung des reinen Vernunftvermögens. – Eben so findet ein anderer Gelehrter in der Kritik d. r. Vernunft eine Skepsis, obgleich die Kritik eben darauf hinausgeht, etwas

werflichen Begriff aufgestellt sieht. Denn ob es sich gleich mit dem Vernunftglauben ganz wohl verträgt, einzuräumen: dass spekulative Vernunft selbst nicht einmal die Möglichkeit eines Wesens, wie wir uns Gott denken müssen, einzusehen im Stande sei: so kann es doch mit gar keinem Glauben und überall mit keinem Fürwahrhalten eines Daseines zusammen bestehen, dass Vernunft gar die Unmöglichkeit eines Gegenstandes einsehen und dennoch aus anderen Quellen die Wirklichkeit desselben erkennen könnte.

Männer von Geistesfähigkeiten und von erweiterten Gesinnungen! Ich verehre Eure Talente und liebe Euer Menschengefühl. Aber habt Ihr auch wohl überlegt, was Ihr tut, und wo es mit Euren Angriffen auf die Vernunft hinaus will? Ohne Zweifel wollt Ihr, dass Freiheit zu denken ungekränkt[17] erhalten werde; denn ohne diese würde es selbst mit Euren freien Schwüngen des Genies bald ein Ende haben. Wir wollen sehen, was aus dieser Denkfreiheit natürlicher Weise werden müsse, wenn ein solches Verfahren, als Ihr beginnt, überhand nimmt.

Der Freiheit zu denken ist **erstlich** der bürgerliche Zwang entgegengesetzt. Zwar sagt man: die Freiheit zu sprechen oder zu schreiben könne uns zwar durch obere Gewalt, aber die Freiheit zu denken durch sie gar nicht genommen werden. Allein wie viel und mit welcher Richtigkeit

Gewisses und Bestimmtes in Ansehung des Umfanges unserer Erkenntnis *a priori* fest zu setzen. Imgleichen eine Dialektik in den kritischen Untersuchungen, welche doch darauf angelegt sind, die unvermeidliche Dialektik, womit die allerwärts dogmatisch geführte reine Vernunft sich selbst verfängt und verwickelt, aufzulösen und auf immer zu vertilgen. Die Neuplatoniker, die sich Eklektiker nannten, weil sie ihre eigenen Grillen [hier: seltsame Gedanken] allenthalben in älteren Autoren zu finden wussten, wenn sie solche vorher hineingetragen hatten, verfuhren gerade eben so; es geschieht also in so fern nichts Neues unter der Sonne.

würden wir wohl denken, wenn wir nicht gleichsam in Gemeinschaft mit andern, denen wir unsere und die uns ihre Gedanken mitteilen, dächten! Also kann man wohl sagen, dass diejenige äußere Gewalt, welche die Freiheit, seine Gedanken öffentlich mitzuteilen, den Menschen entreißt, ihnen auch die Freiheit zu denken nehme: das einzige Kleinod, das uns bei allen bürgerlichen Lasten noch übrig bleibt, und wodurch allein wider alle Übel dieses Zustandes noch Rat geschafft werden kann.

Zweitens wird die Freiheit zu denken auch in der Bedeutung genommen, dass ihr der Gewissenszwang entgegengesetzt ist; wo ohne alle äußere Gewalt in Sachen der Religion sich Bürger über andere zu Vormündern aufwerfen und statt Argument durch vorgeschriebene, mit ängstlicher Furcht vor der Gefahr einer eigenen Untersuchung begleitete Glaubensformeln alle Prüfung der Vernunft durch frühen Eindruck auf die Gemüter zu verbannen wissen.

Drittens bedeutet auch Freiheit im Denken die Unterwerfung der Vernunft unter keine andere Gesetze als: die sie sich selbst gibt; und ihr Gegenteil ist die Maxime eines **gesetzlosen Gebrauchs** der Vernunft (um dadurch, wie das Genie wähnt, weiter zu sehen, als unter der Einschränkung durch Gesetze). Die Folge davon ist natürlicher Weise diese: dass, wenn die Vernunft dem Gesetze nicht unterworfen sein will, das sie sich selbst gibt, sie sich unter das Joch der Gesetze beugen muss, die ihr ein anderer gibt; denn ohne irgend ein Gesetz kann gar nichts, selbst nicht der größte Unsinn sein Spiel lange treiben. Also ist die unvermeidliche Folge der erklärten Gesetzlosigkeit im Denken (einer Befreiung von den Einschränkungen durch die Vernunft) diese: dass Freiheit zu denken zuletzt dadurch eingebüßt und, weil nicht etwa Unglück, sondern wahrer Übermut daran schuld ist, im eigentlichen Sinne des Worts verscherzt wird.

Der Gang der Dinge ist ungefähr dieser. Zuerst gefällt sich das Genie sehr in seinem kühnen Schwunge, da es den Faden, woran es sonst die Vernunft lenkte, abgestreift hat. Es bezaubert bald auch Andere durch Machtsprüche und große Erwartungen und scheint sich selbst nunmehr auf einen Thron gesetzt zu haben, den langsame, schwerfällige Vernunft so schlecht zierte; wobei es gleichwohl immer die Sprache derselben führt. Die alsdann angenommene Maxime der Ungültigkeit einer zu oberst gesetzgebenden Vernunft nennen wir gemeine Menschen **Schwärmerei**; jene Günstlinge der gütigen Natur aber Erleuchtung. Weil indessen bald eine Sprachverwirrung unter diesen selbst entspringen muss, indem, da Vernunft allein für jedermann gültig gebieten kann, jetzt jeder seiner Eingebung folgt: so müssen zuletzt aus inneren Eingebungen durch äußere Zeugnisse bewährte Facta[18], aus Traditionen, die anfänglich selbst gewählt waren, mit der Zeit aufgedrungene Urkunden, mit einem Worte die gänzliche Unterwerfung der Vernunft unter Facta, d.i. der **Aberglaube**, entspringen, weil dieser sich doch wenigstens in eine gesetzliche Form und dadurch in einen Ruhestand bringen lässt.

Weil gleichwohl die menschliche Vernunft immer noch nach Freiheit strebt: so muss, wenn sie einmal die Fesseln zerbricht, ihr erster Gebrauch einer lange entwöhnten Freiheit in Missbrauch und vermessenes Zutrauen auf Unabhängigkeit ihres Vermögens von aller Einschränkung ausarten, in eine Überredung von der Alleinherrschaft der spekulativen Vernunft, die nichts annimmt, als was sich durch objektive Gründe und dogmatische Überzeugung rechtfertigen kann, alles übrige aber kühn wegleugnet. Die Maxime der Unabhängigkeit der Vernunft von ihrem eigenen Bedürfnis (Verzichttuung auf Vernunftglauben) heißt nun **Unglaube**: nicht ein historischer; denn den kann man sich gar nicht als vorsetzlich, mithin auch nicht als zurechnungsfähig denken (weil jeder einem Factum, welches nur hinreichend bewährt ist, eben so gut als einer mathematischen Demonstration glauben muss, er mag wollen oder nicht); sondern ein Vernunftunglaube, ein misslicher Zustand des menschlichen Gemüts, der den moralischen Gesetzen zuerst alle Kraft der Triebfedern auf das Herz, mit der Zeit sogar ihnen selbst alle Autorität benimmt und die Denkungsart veranlasst, die man **Freigeisterei** nennt, d. i. den Grundsatz, gar keine Pflicht mehr zu erkennen. Hier mengt sich nun die Obrigkeit ins Spiel, damit nicht selbst bürgerliche Angelegenheiten in die größte Unordnung kommen; und da das behendeste[19] und doch nachdrücklichste Mittel ihr gerade das beste ist, so hebt sie die Freiheit zu denken gar auf und unterwirft dieses gleich anderen Gewerben den Landesverordnungen. Und so zerstört Freiheit im Denken, wenn sie sogar unabhängig von Gesetzen der Vernunft verfahren will, endlich sich selbst.

Freunde des Menschengeschlechts und dessen, was ihm am heiligsten ist! Nehmt an, was Euch nach sorgfältiger und aufrichtiger Prüfung am glaubwürdigsten scheint, es mögen nun Facta, es mögen Vernunftgründe sein; nur streitet der Vernunft nicht das, was sie zum höchsten Gut auf Erden macht, nämlich das Vorrecht ab, der letzte Probierstein der Wahrheit* zu sein.

* Selbstdenken heißt den obersten Probierstein der Wahrheit in sich selbst (d. i. in seiner eigenen Vernunft) suchen; und die Maxime, jederzeit selbst zu denken, ist die **Aufklärung**. Dazu gehört nun eben so viel nicht, als sich diejenigen einbilden, welche die Aufklärung in Kenntnisse setzen: da sie vielmehr ein negativer Grundsatz im Gebrauche seines Erkenntnisvermögens ist, und öfter der, so an Kenntnissen überaus reich ist, im Gebrauche derselben am wenigsten aufgeklärt ist. Sich seiner eigenen Vernunft bedienen, will nichts weiter sagen, als bei allem dem, was man annehmen soll, sich selbst fragen: ob man es wohl tunlich [angemessen]

Widrigenfalls werdet Ihr, dieser Freiheit unwürdig, sie auch sicherlich einbüßen und dieses Unglück noch dazu dem übrigen, schuldlosen Teile über den Hals ziehen, der sonst wohl gesinnt gewesen wäre, sich seiner Freiheit gesetzmäßig und dadurch auch zweckmäßig zum Weltbesten zu bedienen!

finde, den Grund, warum man etwas annimmt, oder auch die Regel, die aus dem, was man annimmt, folgt, zum allgemeinen Grundsatze seines Vernunftgebrauchs zu machen. Diese Probe kann ein jeder mit sich selbst anstellen; und er wird Aberglauben und Schwärmerei bei dieser Prüfung alsbald verschwinden sehen, wenn er gleich bei weitem die Kenntnisse nicht hat, beide aus objektiven Gründen zu widerlegen. Denn er bedient sich bloß der Maxime der Selbsterhaltung der Vernunft. Aufklärung in einzelnen Subjekten durch Erziehung zu gründen, ist also gar leicht; man muss nur früh anfangen, die jungen Köpfe zu dieser Reflexion zu gewöhnen. Ein Zeitalter aber aufzuklären, ist sehr langwierig; denn es finden sich viel äußere Hindernisse, welche jene Erziehungsart teils verbieten, teils erschweren.

Über das Misslingen aller philosophischen Versuche in der Theodizee.

Unter einer Theodizee versteht man die Verteidigung der höchsten Weisheit des Welturhebers gegen die Anklage, welche die Vernunft aus dem Zweckwidrigen in der Welt gegen jene erhebt. – Man nennt dieses, die Sache Gottes verfechten; ob es gleich im Grunde nichts mehr als die Sache unserer anmaßenden, hiebei aber ihre Schranken verkennenden Vernunft sein möchte, welche zwar nicht eben die beste Sache ist, insofern aber doch gebilligt werden kann, als (jenen Eigendünkel bei Seite gesetzt) der Mensch als ein vernünftiges Wesen berechtigt ist, alle Behauptungen, alle Lehre, welche ihm Achtung auferlegt, zu prüfen, ehe er sich ihr unterwirft, damit diese Achtung aufrichtig und nicht erheuchelt sei.

Zu dieser Rechtfertigung wird nun erfordert, dass der vermeintliche Sachwalter Gottes entweder beweise: dass das, was wir in der Welt als zweckwidrig beurteilen, es nicht sei; oder: dass, wenn es auch dergleichen wäre, es doch gar nicht als Factum, sondern als unvermeidliche Folge aus der Natur der Dinge beurteilt werden müsse; oder endlich: dass es wenigstens nicht als Factum des höchsten Urhebers aller Dinge, sondern bloß der Weltwesen, denen etwas zugerechnet werden kann, d. i. der Menschen, (allenfalls auch höherer, guter oder böser, geistiger Wesen) angesehen werden müsse.

Der Verfasser einer Theodizee willigt also ein, dass dieser Rechtshandel vor dem Gerichtshofe der Vernunft anhängig gemacht werde, und macht sich anheischig[1], den angeklagten Teil als Sachwalter durch förmliche Widerlegung aller Beschwerden des Gegners zu vertreten: darf letztern also während des Rechtsganges nicht durch einen Machtspruch der Unstatthaftigkeit des Gerichtshofes der menschlichen Vernunft (*exceptionem fori*[2]) abweisen, d.i. die Beschwerden nicht durch ein dem Gegner auferlegtes Zugeständnis der höchsten Weisheit des Welturhebers, welches sofort alle Zweifel, die sich dagegen regen möchten, auch ohne Untersuchung für grundlos erklärt, abfertigen; sondern muss sich auf die Einwürfe einlassen und, wie sie dem Begriff der höchsten Weisheit* keinesweges Abbruch tun, durch Beleuchtung und Tilgung derselben begreiflich machen. – Doch

* Obgleich der eigentümliche Begriff einer Weisheit nur die Eigenschaft eines Willens vorstellt, zum höchsten Gut als dem Endzweck aller Dinge zusammen zu stimmen; hingegen Kunst nur das Vermögen im Gebrauch der tauglichsten Mittel zu beliebigen Zwecken: so wird doch Kunst, wenn sie sich als eine solche beweiset, welche Ideen adäquat ist, deren Möglichkeit alle Einsicht der menschlichen Vernunft übersteigt (z. B. wenn Mittel und Zwecke wie in organischen Körpern einander wechselseitig hervorbringen), als eine göttliche Kunst nicht unrecht auch mit dem Namen der Weisheit belegt werden können; doch, um die Begriffe nicht zu verwechseln, mit dem Namen einer Kunstweisheit des Welturhebers zum Unterschiede von der moralischen Weisheit desselben. Die Teleologie (auch durch sie die Physikotheologie) gibt reichliche Beweise der erstern in der Erfahrung. Aber von ihr gilt kein Schluss auf die moralische Weisheit des Welturhebers, weil Naturgesetz und Sittengesetz ganz ungleichartige Prinzipien erfordern, und der Beweis der letztern Weisheit gänzlich *a priori* geführt, also schlechterdings nicht auf Erfahrung von dem, was in der Welt vorgeht, gegründet werden muss. Da nun der Begriff von Gott, der für die Religion tauglich sein soll (denn zum Behuf der Naturerklärung, mithin in spekulativer Absicht brauchen wir ihn nicht), ein Begriff von ihm als einem moralischen Wesen sein muss; da dieser Begriff, so wenig als er auf Erfahrung gegründet, eben so wenig aus bloß transzendentalen Begriffen eines schlechthin notwendigen Wesens, der gar für uns überschwenglich ist, herausgebracht werden kann: so leuchtet genugsam ein, dass der Beweis des Daseins eines solchen Wesens kein andrer als ein moralischer sein könne.

auf eines hat er nicht nötig sich einzulassen: nämlich dass er die höchste Weisheit Gottes aus dem, was die Erfahrung an dieser Welt lehrt, auch sogar beweise; denn hiermit würde es ihm auch schlechterdings nicht gelingen, weil Allwissenheit dazu erforderlich ist, um an einer gegebnen Welt (wie sie sich in der Erfahrung zu erkennen gibt) diejenige Vollkommenheit zu erkennen, von der man mit Gewissheit sagen könne, es sei überall keine größere in der Schöpfung und Regierung derselben möglich.

Das Zweckwidrige in der Welt aber, was der Weisheit ihres Urhebers entgegengesetzt werden könnte, ist nun dreifacher Art:

I. Das schlechthin Zweckwidrige, was weder als Zweck, noch als Mittel von einer Weisheit gebilligt und begehrt werden kann.

II. Das bedingt Zweckwidrige, welches zwar nie als Zweck, aber doch als Mittel mit der Weisheit eines Willens zusammen besteht.

Das erste ist das moralische Zweckwidrige, als das eigentliche Böse (die Sünde); das zweite das physische Zweckwidrige, das Übel (der Schmerz). – Nun gibt es aber noch eine Zweckmäßigkeit in dem Verhältnis der Übel zu dem moralischen Bösen, wenn das letztere einmal da ist und nicht verhindert werden konnte oder sollte: nämlich in der Verbindung der Übel und Schmerzen als Strafen mit dem Bösen als Verbrechen; und von dieser Zweckmäßigkeit in der Welt fragt es sich, ob jedem in der Welt hierin sein Recht widerfährt. Folglich muss auch noch eine

IIIte Art des Zweckwidrigen in der Welt gedacht werden können, nämlich das Missverhältnis der Verbrechen und Strafen in der Welt.

Die Eigenschaften der höchsten Weisheit des Welturhebers, wogegen jene Zweckwidrigkeiten als Einwürfe auftreten, sind also auch drei:

Erstlich die Heiligkeit desselben als Gesetzgebers (Schöpfers) im Gegensatze mit dem Moralisch-Bösen in der Welt.

Zweitens die Gültigkeit desselben als Regierers (Erhalters) im Kontraste mit den zahllosen Übeln und Schmerzen der vernünftigen Weltwesen.

Drittens die Gerechtigkeit desselben als Richters in Vergleichung mit dem Übelstande, den das Missverhältnis zwischen der Straflosigkeit der Lasterhaften und ihren Verbrechen in der Welt zu zeigen scheint*.

* Diese drei Eigenschaften zusammen, deren eine sich keineswegs auf die andre, wie etwa die Gerechtigkeit auf Güte, und so das Ganze auf eine kleinere Zahl zurückführen lässt, machen den moralischen Begriff von Gott aus. Es lässt sich auch die Ordnung derselben nicht verändern (wie etwa die Gütigkeit zur obersten Bedingung der Weltschöpfung machen, der die Heiligkeit der Gesetzgebung untergeordnet sei), ohne der Religion Abbruch zu tun, welcher eben dieser moralische Begriff zum Grunde liegt. Unsre eigene reine (und zwar praktische) Vernunft bestimmt diese Rangordnung, indem, wenn sogar die Gesetzgebung sich nach der Güte bequemt, es keine Würde derselben und keinen festen Begriff von Pflichten mehr gibt. Der Mensch wünscht zwar zuerst glücklich zu sein; sieht aber doch ein und bescheidet sich (obzwar ungern), dass die Würdigkeit glücklich zu sein, d. i. die Übereinstimmung des Gebrauchs seiner Freiheit mit dem heiligen Gesetze, in dem Ratschluss des Urhebers die Bedingung seiner Gütigkeit sein und also notwendig vorhergehen müsse. Denn der Wunsch, welcher den subjektiven Zweck (der Selbstliebe) zum Grunde hat, kann nicht den objektiven Zweck (der Weisheit), den das Gesetz vorschreibt, bestimmen, welches dem Willen unbedingt die Regel gibt. – Auch ist die Strafe in der Ausübung der Gerechtigkeit keineswegs als bloßes Mittel, sondern als Zweck in der gesetzgebenden Weisheit gegründet: die Übertretung wird mit Übeln verbunden, nicht damit ein anderes Gute herauskomme, sondern weil diese Verbindung an sich selbst,

Es wird also gegen jene drei Klagen die Verantwortung auf die oben erwähnte dreifach verschiedene Art vorgestellt und ihrer Gültigkeit nach geprüft werden müssen.

I. Wider die Beschwerde gegen die Heiligkeit des göttlichen Willens aus dem Moralisch-Bösen, welches die Welt, sein Werk, verunstaltet, besteht die erste Rechtfertigung darin:

a) Dass es ein solches schlechterdings Zweckwidrige, als wofür wir die Übertretung der reinen Gesetze unserer Vernunft nehmen, gar nicht gebe, sondern dass es nur Verstöße wider die menschliche Weisheit seien; dass die göttliche sie nach ganz andern, uns unbegreiflichen Regeln beurteile, wo, was wir zwar beziehungsweise auf unsre praktische Vernunft und deren Bestimmung mit Recht verwerflich finden, doch in Verhältnis auf göttliche Zwecke und die höchste Weisheit vielleicht gerade das schicklichste Mittel sowohl für unser besonderes Wohl, als das Weltbeste überhaupt sein mag; dass die Wege des Höchsten nicht unsre Wege seien (*sunt Superis sua*

d. i. moralisch notwendig und gut ist. Die Gerechtigkeit setzt zwar Güte des Gesetzgebers voraus (denn wenn sein Willen nicht auf das Wohl seiner Untertanen ginge, so würde dieser sie auch nicht verpflichten können ihm zu gehorchen); aber sie ist nicht Güte, sondern als Gerechtigkeit von dieser wesentlich unterschieden, obgleich im allgemeinen Begriffe der Weisheit enthalten. Daher geht auch die Klage über den Mangel einer Gerechtigkeit, die sich im Lose, welches den Menschen hier in der Welt zu Teil wird, zeige, nicht darauf, dass es den Guten hier nicht w o h l , sondern dass es den Bösen nicht ü b e l geht (obzwar, wenn das erstere zu dem letztern hinzu kommt, der Kontrast diesen Anstoß noch vergrößert). Denn in einer göttlichen Regierung kann auch der beste Mensch seinen Wunsch zum Wohlergehen nicht auf die göttliche Gerechtigkeit, sondern muss ihn jederzeit auf seine Güte gründen: weil der, welcher bloß seine Schuldigkeit tut, keinen Rechtsanspruch auf das Wohltun Gottes haben kann.

iura[3]), und wir darin irren, wenn, was nur relativ für Menschen in diesem Leben Gesetz ist, wir für schlechthin als ein solches beurteilen und so das, was unsrer Betrachtung der Dinge aus so niedrigem Standpunkte als zweckwidrig erscheint, dafür auch, aus dem höchsten Standpunkte betrachtet, halten. – Diese Apologie[4], in welcher die Verantwortung ärger ist als die Beschwerde, bedarf keiner Widerlegung und kann sicher der Verabscheuung jedes Menschen, der das mindeste Gefühl für Sittlichkeit hat, frei überlassen werden.

b) Die zweite vorgebliche Rechtfertigung würde zwar die Wirklichkeit des Moralisch-Bösen in der Welt einräumen, den Welturheber aber damit entschuldigen, dass es nicht zu verhindern möglich gewesen: weil es sich auf den Schranken der Natur der Menschen, als endlicher Wesen, gründe. – Aber dadurch würde jenes Böse selbst gerechtfertigt werden; und man müsste, da es nicht als die Schuld der Menschen ihnen zugerechnet werden kann, aufhören es ein moralisches Böse zu nennen.

c) Die dritte Beantwortung: dass, gesetzt auch, es ruhe wirklich mit dem, was wir moralisch böse nennen, eine Schuld auf dem Menschen, doch Gott keine beigemessen werden müsse, weil er jenes als Tat der Menschen aus weisen Ursachen bloß zugelassen, keineswegs aber für sich gebilligt und gewollt oder veranstaltet hat, – läuft (wenn man auch an dem Begriffe des bloßen Zulassens eines Wesens, welches ganz und alleiniger Urheber der Welt ist, keinen Anstoß nehmen will) doch mit der vorigen Apologie (*b*) auf einerlei Folge hinaus: nämlich dass, da es selbst Gott unmöglich war dieses Böse zu verhindern, ohne anderweitigen höhern und selbst moralischen Zwecken Abbruch zu tun, der Grund dieses Übels (denn so müsste man es eigentlich nun nennen) unvermeidlich in dem Wesen der Dinge, nämlich den notwendigen Schranken der Menschheit als endlicher Natur, zu suchen sein müsse, mithin ihr auch nicht zugerechnet werden könne.

II. Auf die Beschwerde, die wider die göttliche Gültigkeit aus den Übeln, nämlich Schmerzen, in dieser Welt erhoben wird, besteht nun die Rechtfertigung derselben gleichfalls

a) darin: dass in den Schicksalen der Menschen ein Übergewicht des Übels über den angenehmen Genuss des Lebens fälschlich angenommen werde, weil doch ein Jeder, so schlimm es ihm auch ergeht, lieber leben als tot sein will, und diejenigen Wenigen, die das letztere beschließen, so lange sie es selbst aufschoben, selbst dadurch noch immer jenes Übergewicht eingestehen und, wenn sie zum letztern töricht genug sind, auch alsdann bloß in den Zustand der Nichtempfindung übergehen, in welchem ebenfalls kein Schmerz gefühlt werden könne. – Allein man kann die Beantwortung dieser Sophisterei[5] sicher dem Ausspruche eines jeden Menschen von gesundem Verstande, der lange genug gelebt und über den Wert des Lebens nachgedacht hat, um hierüber ein Urteil fällen zu können, überlassen, wenn man ihn fragt: ob er wohl, ich will nicht sagen auf dieselbe, sondern auf jede andre ihm beliebige Bedingungen (nur nicht etwa einer Feen-, sondern dieser unserer Erdenwelt) das Spiel des Lebens noch einmal durchzuspielen Lust hätte.

b) Auf die zweite Rechtfertigung: dass nämlich das Übergewicht der schmerzhaften Gefühle über die angenehmen von der Natur eines tierischen Geschöpfes, wie der Mensch ist, nicht könne getrennt werden (wie etwa Graf Veri[6] in dem Buche über die Natur des Vergnügens behauptet), – würde man erwidern: dass, wenn dem also ist, sich eine andre Frage einfinde, woher nämlich der Urheber unsers Daseins uns überhaupt ins Leben gerufen, wenn es nach unserm richtigen Überschlage für uns nicht wünschenswert ist. Der Unmut würde hier, wie jene indianische Frau dem Dschingis Khan, der ihr wegen erlittener Gewalttätigkeit keine Genugtuung, noch wegen der künftigen Sicherheit verschaffen konnte, antworten: »Wenn du uns nicht schützen willst, warum eroberst du uns denn?«

c) Die dritte Auflösung des Knotens soll diese sein: dass uns Gott um einer künftigen Glückseligkeit willen, also doch aus Güte, in die Welt gesetzt habe, dass aber vor jener zu hoffenden überschwenglich großen Seligkeit durchaus ein mühe- und trübsalvoller Zustand des gegenwärtigen Lebens vorhergehen müsse, wo wir eben durch den Kampf mit Widerwärtigkeiten jener künftigen Herrlichkeit würdig werden sollten. – Allein dass diese Prüfungszeit (der die Meisten unterliegen, und in welcher auch der Beste seines Lebens nicht froh wird) vor der höchsten Weisheit durchaus die Bedingung der dereinst von uns zu genießenden Freuden sein müsse, und dass es nicht tunlich gewesen, das Geschöpf mit jeder Epoche seines Lebens zufrieden werden zu lassen, kann zwar vorgegeben, aber schlechterdings nicht eingesehen werden, und man kann also freilich diesen Knoten durch Berufung auf die höchste Weisheit, die es so gewollt hat, abhauen, aber nicht auflösen: welches doch die Theodizee verrichten zu können sich anheischig macht.

III. Auf die letzte Anklage, nämlich wider die Gerechtigkeit des Weltrichters,* wird geantwortet:

* Es ist merkwürdig, dass unter allen Schwierigkeiten, den Lauf der Weltbegebenheiten mit der Göttlichkeit ihres Urhebers zu vereinigen, keine sich dem Gemüt so heftig aufdringt, als die von dem Anschein einer darin mangelnden Gerechtigkeit. Trägt es sich zu (ob es zwar selten geschieht), dass ein ungerechter, vornehmlich Gewalt habender Bösewicht nicht ungestraft aus der Welt entwischt: so frohlockt der mit dem Himmel gleichsam versöhnte, sonst parteilose Zuschauer. Keine Zweckmäßigkeit der Natur wird ihn durch Bewunderung derselben so in Affekt setzen und die Hand Gottes gleichsam daran vernehmen lassen. Warum? Sie ist hier moralisch und einzig von der Art, die man in der Welt einigermaßen wahrzunehmen hoffen kann.

a) Dass das Vorgeben von der Straflosigkeit der Lasterhaften in der Welt keinen Grund habe, weil jedes Verbrechen seiner Natur gemäß schon hier die ihm angemessene Strafe bei sich führe, indem die innern Vorwürfe des Gewissens den Lasterhaften ärger noch als Furien plagen. – Allein in diesem Urteile liegt offenbar ein Missverstand. Denn der tugendhafte Mann leiht hierbei dem lasterhaften seinen Gemütscharakter, nämlich die Gewissenhaftigkeit in ihrer ganzen Strenge, welche, je tugendhafter der Mensch ist, ihn desto härter wegen der geringsten Übereilung, welche das sittliche Gesetz in ihm missbilligt, bestraft. Allein wo diese Denkungsart und mit ihr die Gewissenhaftigkeit gar fehlt, da fehlt auch der Peiniger für begangene Verbrechen; und der Lasterhafte, wenn er nur den äußern Züchtigungen wegen seiner Freveltaten entschlüpfen kann, lacht über die Ängstlichkeit der Redlichen sich mit selbsteigenen Verweisen innerlich zu plagen; die kleinen Vorwürfe aber, die er sich bisweilen machen mag, macht er sich entweder gar nicht durchs Gewissen, oder, hat er davon noch etwas in sich, so werden sie durch das Sinnenvergnügen, als woran er allein Geschmack findet, reichlich aufgewogen und vergütet. – – Wenn jene Anklage ferner

b) dadurch widerlegt werden soll: dass zwar nicht zu leugnen sei, es finde sich schlechterdings kein der Gerechtigkeit gemäßes Verhältnis zwischen Schuld und Strafen in der Welt, und man müsse im Laufe derselben oft ein mit schreiender Ungerechtigkeit geführtes und gleichwohl bis ans Ende glückliches Leben mit Unwillen wahrnehmen; dass dieses aber in der Natur liegende und nicht absichtlich veranstaltete, mithin nicht moralische Misshelligkeit sei, weil es eine Eigenschaft der Tugend sei, mit Widerwärtigkeit zu ringen (wozu der Schmerz, den der Tugendhafte durch die Vergleichung seines eigenen Unglücks mit dem Glück des Lasterhaften leiden muss, mitgehört), und die Leiden den Wert der Tugend nur zu erheben dienen, mithin vor der Vernunft diese Dissonanz der unverschuldeten Übel des Lebens doch in den herrlichsten sittlichen Wohllaut aufgelöset werde: – so steht dieser Auflösung entgegen: dass, obgleich diese Übel, wenn sie als Wetzstein[7] der Tugend vor ihr vorhergehen oder sie begleiten, zwar mit ihr als in moralischer Übereinstimmung stehend vorgestellt werden können, wenn wenigstens das Ende des Lebens noch die letztere krönt und das Laster bestraft; dass aber, wenn selbst dieses Ende, wie doch die Erfahrung davon viele Beispiele gibt, widersinnig ausfällt, dann das Leiden dem Tugendhaften, nicht damit seine Tugend rein sei, sondern weil sie es gewesen ist (dagegen aber den Regeln der klugen Selbstliebe zuwider war), zugefallen zu sein scheine; welches gerade das Gegenteil der Gerechtigkeit ist, wie sich der Mensch einen Begriff von ihr machen kann. Denn was die Möglichkeit betrifft, dass das Ende dieses Erdenlebens doch vielleicht nicht das Ende alles Lebens sein möge: so kann diese Möglichkeit nicht für Rechtfertigung der Vorsehung gelten, sondern ist bloß ein Machtspruch der moralisch-gläubigen Vernunft, wodurch der Zweifelnde zur Geduld verwiesen, aber nicht befriedigt wird.

c) Wenn endlich die dritte Auflösung dieses unharmonischen Verhältnisses zwischen dem moralischen Wert der Menschen und dem Lose, das ihnen zu Teil wird, dadurch versucht werden will, dass man sagt: in dieser Welt müsse alles Wohl oder Übel bloß als Erfolg aus dem Gebrauche der Vermögen der Menschen nach Gesetzen der Natur proportioniert ihrer angewandten Geschicklichkeit und Klugheit, zugleich auch den Umständen, darein sie zufälliger Weise geraten, nicht aber nach ihrer Zusammenstimmung zu übersinnlichen Zwecken beurteilt werden; in einer künftigen Welt dagegen werde sich eine andere Ordnung der Dinge hervortun und jedem zu Teil werden, wessen seine Taten hienieden nach moralischer Beurteilung Wert sind: – so ist diese Voraussetzung auch willkürlich. Vielmehr muss die Vernunft, wenn sie nicht als moralisch gesetzgebendes Vermögen diesem ihrem Interesse gemäß einen Machtspruch tut, nach bloßen Regeln des theoretischen Erkenntnisses es wahrscheinlich finden: dass der Lauf der Welt nach der Ordnung der Natur, so wie hier, also auch fernerhin unsre Schicksale bestimmen werde. Denn was hat die Vernunft für ihre theoretische Vermutung anders zum Leitfaden, als das Naturgesetz? Und ob sie sich gleich, wie ihr vorher (Nr. *b*) zugemutet worden, zur Geduld und Hoffnung eines künftig bessern verweisen ließe: wie kann sie erwarten, dass, da der Lauf der Dinge nach der Ordnung der Natur hier auch für sich selbst weise ist, er nach eben demselben Gesetze in einer künftigen Welt unweise sein würde? Da also nach derselben zwischen den innern Bestimmungsgründen des Willens (nämlich der moralischen Denkungsart) nach Gesetzen der Freiheit und zwischen den (größtenteils äußern) von unserm Willen unabhängigen Ursachen unsers Wohlergehens nach Naturgesetzen gar kein begreifliches Verhältnis ist: so bleibt die Vermutung, dass die Übereinstimmung des Schicksals der Menschen mit einer göttlichen Gerechtigkeit nach den Begriffen, die wir uns von ihr machen, so wenig dort wie hier zu erwarten sei.

* * *

Der Ausgang dieses Rechtshandels vor dem Gerichtshofe der Philosophie ist nun: dass alle bisherige Theodizee das nicht leiste, was sie verspricht, nämlich die moralische Weisheit in der Weltregierung gegen die Zweifel, die dagegen aus dem, was die Erfahrung an dieser Welt zu erkennen gibt, gemacht werden, zu rechtfertigen: obgleich freilich diese Zweifel als Einwürfe, so weit unsre Einsicht in die Beschaffenheit unsrer Vernunft in Ansehung der letztern reicht, auch das Gegenteil nicht beweisen können. Ob aber nicht noch etwa mit der Zeit tüchtigere Gründe der Rechtfertigung derselben erfunden werden könnten, die angeklagte Weisheit nicht (wie bisher) bloß *ab instantia* zu absolvieren[8]: das bleibt dabei doch noch immer unentschieden, wenn wir es nicht dahin bringen, mit Gewissheit darzutun; dass unsre Vernunft zur Einsicht des Verhältnisses, in welchem eine Welt, so wie wir sie durch Erfahrung immer kennen mögen, zu der höchsten Weisheit stehe, schlechterdings unvermögend sei; denn alsdann sind alle fernere Versuche vermeintlicher menschlicher Weisheit, die Wege der göttlichen einzusehen, völlig abgewiesen. Dass also wenigstens eine negative Weisheit, nämlich die Einsicht der notwendigen Beschränkung unsrer Anmaßungen in Ansehung dessen, was uns zu hoch ist, für uns erreichbar sei: das muss noch bewiesen werden, um diesen Prozess für immer zu endigen; und dieses lässt sich gar wohl tun.

Wir haben nämlich von einer Kunstweisheit in der Einrichtung dieser Welt einen Begriff, dem es für unser spekulatives Vernunftvermögen nicht an objektiver Realität mangelt, um zu einer Physikotheologie zu gelangen. Eben so haben wir auch einen Begriff von einer moralischen Weisheit, die in eine Welt überhaupt durch einen vollkommensten Urheber gelegt werden könnte, an der sittlichen Idee unserer eigenen praktischen Vernunft. – Aber von der Einheit in der Zusammenstimmung jener Kunstweisheit mit der moralischen Weisheit in einer Sinnenwelt haben wir keinen Begriff und können auch zu demselben nie zu gelangen hoffen. Denn ein Geschöpf zu sein und als Naturwesen bloß dem Willen seines Urhebers zu folgen; dennoch aber als freihandelndes Wesen (welches seinen vom äußern Einfluss unabhängigen Willen hat, der dem erstern vielfältig zuwider sein kann) der Zurechnung fähig zu sein und seine eigne Tat doch auch zugleich als die Wirkung eines höhern Wesens anzusehen: ist eine Vereinbarung von Begriffen, die wir zwar in der Idee einer Welt, als des höchsten Guts, zusammen denken müssen; die aber nur der einsehen kann, welcher bis zur Kenntnis der übersinnlichen (intelligiblen) Welt durchdringt und die Art einsieht, wie sie der Sinnenwelt zum Grunde liegt: auf welche Einsicht allein der Beweis der moralischen Weisheit des Welturhebers in der letztern gegründet werden kann, da diese doch nur die Erscheinung jener erstern Welt darbietet, – eine Einsicht, zu der kein Sterblicher gelangen kann.

* * *

Alle Theodizee soll eigentlich Auslegung der Natur sein, sofern Gott durch dieselbe die Absicht seines Willens kund macht. Nun ist jede Auslegung des deklarierten[9] Willens eines Gesetzgebers entweder doctrinal oder authentisch. Die erste ist diejenige, welche jenen Willen aus den Ausdrücken, deren sich dieser bedient hat, in Verbindung mit den sonst bekannten Absichten des Gesetzgebers herausvernünftelt; die zweite macht der Gesetzgeber selbst.

Die Welt, als ein Werk Gottes, kann von uns auch als eine göttliche Bekanntmachung der Absichten seines Willens betrachtet werden. Allein hierin ist sie für uns oft ein verschlossenes Buch; jederzeit aber ist sie dies, wenn es darauf angesehen ist, sogar die Endabsicht Gottes (welche jederzeit moralisch ist) aus ihr, obgleich einem Gegenstande der Erfahrung, abzunehmen. Die philosophischen Versuche dieser Art Auslegung sind doctrinal und machen die eigentliche Theodizee aus, die man daher die doctrinale nennen kann. – Doch kann man auch der bloßen Abfertigung aller Einwürfe wider die göttliche Weisheit den Namen einer Theodizee nicht versagen, wenn sie ein göttlicher Machtspruch, oder (welches in diesem Falle auf Eins hinausläuft) wenn sie ein Ausspruch derselben Vernunft ist, wodurch wir uns den Begriff von Gott als einem moralischen und weisen Wesen notwendig und vor aller Erfahrung machen. Denn da wird Gott durch unsre Vernunft selbst der Ausleger seines durch die Schöpfung verkündigten Willens; und diese Auslegung können wir eine authentische Theodizee nennen. Das ist aber alsdann nicht Auslegung einer vernünftelnden (spekulativen), sondern einer machthabenden praktischen Vernunft, die, so wie sie ohne weitere Gründe im Gesetzgeben schlechthin gebietend ist, als die unmittelbare Erklärung und Stimme Gottes angesehen werden kann, durch die er dem Buchstaben seiner Schöpfung einen Sinn gibt. Eine solche authentische Interpretation finde ich nun in einem alten heiligen Buche allegorisch ausgedrückt.

Hiob wird als ein Mann vorgestellt, zu dessen Lebensgenuss sich Alles vereinigt hatte, was man, um ihn vollkommen zu machen, nur immer ausdenken mag. Gesund, wohlhabend, frei, ein Gebieter über Andre, die er glücklich machen kann, im Schoße einer glücklichen Familie, unter geliebten Freunden; und über das Alles (was das Vornehmste ist) mit sich selbst zufrieden in einem guten Gewissen. Alle diese Güter, das letzte ausgenommen, entriss ihm plötzlich ein schweres über ihn zur Prüfung verhängtes Schicksal. Von der Betäubung über diesen unerwarteten Umsturz allmählig zum Besinnen gelangt, bricht er nun in Klagen über seinen Unstern aus; worüber zwischen ihm und seinen vorgeblich sich zum Trösten einfindenden Freunden es bald zu einer Disputation kommt, worin beide Teile, jeder nach seiner Denkungsart (vornehmlich aber nach seiner Lage), seine besondere Theodizee zur moralischen Erklärung jenes schlimmen Schicksals aufstellt. Die Freunde Hiobs bekennen sich zu dem System der Erklärung aller Übel in der Welt aus der göttlichen Gerechtigkeit, als so vieler Strafen für begangene Verbrechen; und ob sie zwar keine zu nennen wussten, die dem unglücklichen Mann zu Schulden kommen sollten, so glaubten sie doch *a priori* urteilen zu können, er müsste deren auf sich ruhen haben, weil es sonst nach der göttlichen Gerechtigkeit nicht möglich wäre, dass er unglücklich sei. Hiob dagegen – der mit Entrüstung beteuert, dass ihm sein Gewissen seines ganzen Lebens halber keinen Vorwurf mache; was aber menschliche unvermeidliche Fehler betrifft, Gott selbst wissen werde, dass er ihn als ein gebrechliches Geschöpf gemacht habe – erklärt sich für das System des unbedingten göttlichen Ratschlusses. »Er ist einig«, sagt er, »er machts, wie er will*.«

In dem, was beide Teile vernünfteln oder übervernünfteln, ist wenig Merkwürdiges; aber der Charakter, in welchem sie es tun, verdient desto mehr Aufmerksamkeit. Hiob spricht, wie er denkt, und wie ihm zu Mute ist, auch wohl jedem Menschen in seiner Lage zu Mute sein würde; seine Freunde sprechen dagegen, wie wenn sie ingeheim von dem Mächtigern, über dessen Sache sie Recht sprechen, und bei dem sich durch ihr Urteil in Gunst zu setzen ihnen mehr am Herzen liegt als an der Wahrheit, behorcht würden. Diese ihre Tücke, Dinge zum Schein zu behaupten, von denen sie doch gestehen mussten, dass sie sie nicht einsahen, und eine Überzeugung zu heucheln, die sie in der Tat nicht hatten, sticht gegen Hiobs gerade Freimütigkeit, die sich so weit von falscher Schmeichelei entfernt, dass sie fast an Vermessenheit grenzt, sehr zum Vorteil des letztern ab. »Wollt ihr«, sagt er**, »Gott verteidigen mit Unrecht? Wollt ihr seine Person ansehen? Wollt ihr Gott vertreten? Er wird euch strafen, wenn ihr Personen anseht heimlich! – Es kommt kein Heuchler vor Ihn.«

* Hiob XXIII, 13.

** Hiob XIII, 7 bis 11; 16.

Das letztere bestätigt der Ausgang der Geschichte wirklich. Denn Gott würdigt Hiob, ihm die Weisheit seiner Schöpfung vornehmlich von Seiten ihrer Unerforschlichkeit vor Augen zu stellen. Er lässt ihn Blicke auf die schöne Seite der Schöpfung tun, wo dem Menschen begreifliche Zwecke die Weisheit und gütige Vorsorge des Welturhebers in ein unzweideutiges Licht stellen; dagegen aber auch auf die abschreckende, indem er ihm Produkte seiner Macht und darunter auch schädliche, furchtbare Dinge hernennt, deren jedes für sich und seine Spezies zwar zweckmäßig eingerichtet, in Ansehung anderer aber und selbst der Menschen zerstörend, zweckwidrig und mit einem allgemeinen durch Güte und Weisheit angeordneten Plane nicht zusammenstimmend zu sein scheint; wobei er aber doch die den weisen Welturheber verkündigende Anordnung und Erhaltung des Ganzen beweiset, obzwar zugleich seine für uns unerforschliche Wege selbst schon in der physischen Ordnung der Dinge, wie vielmehr denn in der Verknüpfung derselben mit der moralischen (die unsrer Vernunft noch undurchdringlicher ist) verborgen sein müssen. – Der Schluss ist dieser: dass, indem Hiob gesteht, nicht etwa frevelhaft, denn er ist sich seiner Redlichkeit bewusst, sondern nur unweislich[10] über Dinge abgesprochen zu haben, die ihm zu hoch sind, und die er nicht versteht, Gott das Verdammungsurteil wider seine Freunde fällt, weil sie nicht so gut (der Gewissenhaftigkeit nach) von Gott geredet hätten als sein Knecht Hiob. Betrachtet man nun die Theorie, die jede von beiden Seiten behauptete: so möchte die seiner Freunde eher den Anschein mehrerer spekulativen Vernunft und frommer Demut bei sich führen; und Hiob würde wahrscheinlicher Weise vor einem jeden Gerichte dogmatischer Theologen, vor einer Synode, einer Inquisition, einer ehrwürdigen Classis, oder einem jeden Oberkonsistorium unserer Zeit (ein einziges ausgenommen), ein schlimmes Schicksal erfahren haben. Also nur die Aufrichtigkeit des Herzens, nicht der Vorzug der Einsicht, die Redlichkeit, seine Zweifel unverhohlen zu gestehen, und der Abscheu, Überzeugung zu heucheln, wo man sie doch nicht fühlt, vornehmlich nicht vor Gott (wo diese List ohnedas ungereimt ist): diese Eigenschaften sind es, welche den Vorzug des redlichen Mannes in der Person Hiobs vor dem religiösen Schmeichler im göttlichen Richterausspruch entschieden haben.

Der Glauben aber, der ihm durch eine so befremdliche Auflösung seiner Zweifel, nämlich bloß die Überführung von seiner Unwissenheit, entsprang, konnte auch nur in die Seele eines Mannes kommen, der mitten unter seinen lebhaftesten Zweifeln sagen konnte (XXVII, 5, 6): »Bis dass mein Ende kommt, will ich nicht weichen von meiner Frömmigkeit« u. s. w. Denn mit dieser Gesinnung bewies er, dass er nicht seine Moralität auf den Glauben, sondern den Glauben auf die Moralität gründete: in welchem Falle dieser, so schwach er auch sein mag, doch allein lauter und echter Art, d. i. von derjenigen Art ist, welche eine Religion nicht der Gunstbewerbung, sondern des guten Lebenswandels gründet.

Schlussanmerkung.

Die Theodizee hat es, wie hier gezeigt worden, nicht sowohl mit einer Aufgabe zum Vorteil der Wissenschaft, als vielmehr mit einer Glaubenssache zu tun. Aus der authentischen sahen wir: dass es in solchen Dingen nicht so viel aufs Vernünfteln ankomme, als auf die Aufrichtigkeit in Bemerkung des Unvermögens unserer Vernunft und auf die Redlichkeit, seine Gedanken nicht in der Aussage zu verfälschen, geschehe dies auch in noch so frommer Absicht, als es immer wolle. – Dieses veranlasst noch folgende kurze Betrachtung über einen reichhaltigen Stoff, nämlich über die Aufrichtigkeit als das Haupterfordernis in Glaubenssachen im Widerstreite mit dem Hange zur Falschheit und Unlauterkeit, als dem Hauptgebrechen in der menschlichen Natur.

Dass das, was Jemand sich selbst oder einem Andern sagt, wahr sei: dafür kann er nicht jederzeit stehen (denn er kann irren); dafür aber kann und muss er stehen, dass sein Bekenntnis oder Geständnis wahrhaft sei: denn dessen ist er sich unmittelbar bewusst. Er vergleicht nämlich im erstern Falle seine Aussage mit dem Objekt im logischen Urteile (durch den Verstand); im zweiten Fall aber, da er sein Fürwahrhalten bekennt, mit dem Subjekt (vor dem Gewissen). Tut er das Bekenntnis in Ansehung des erstern, ohne sich des letztern bewusst zu sein: so lügt er, weil er etwas anders vorgibt, als wessen er sich bewusst ist. – Die Bemerkung, dass es solche Unlauterkeit im menschlichen Herzen gebe, ist nicht neu (denn Hiob hat sie schon gemacht); aber fast sollte man glauben, dass die Aufmerksamkeit auf dieselbe für Sitten- und Religionslehrer neu sei: so wenig findet man, dass sie ungeachtet der Schwierigkeit, welche eine Läuterung der Gesinnungen der Menschen, selbst wenn sie pflichtmäßig handeln wollen, bei sich führt, von jener Bemerkung genugsamen Gebrauch gemacht hätten. – Man kann diese Wahrhaftigkeit die formale Gewissenhaftigkeit nennen; die materiale besteht in der Behutsamkeit, nichts auf die Gefahr, dass es unrecht sei, zu wagen: da hingegen jene in dem Bewusstsein besteht, diese Behutsamkeit im gegebnen Falle angewandt zu haben. – Moralisten reden von einem irrenden Gewissen. Aber ein irrendes Gewissen ist ein Unding; und gäbe es ein solches, so könnte man niemals sicher sein recht gehandelt zu haben, weil selbst der Richter in der letzten Instanz noch irren könnte. Ich kann zwar in dem Urteile irren, in welchem ich glaube Recht zu haben: denn das gehört dem Verstande zu, der allein (wahr oder falsch) objektiv urteilt; aber in dem Bewusstsein: ob ich in der Tat glaube Recht zu haben (oder es bloß vorgebe), kann ich schlechterdings nicht irren, weil dieses Urteil oder vielmehr dieser Satz bloß sagt: dass ich den Gegenstand so beurteile.

In der Sorgfalt sich dieses Glaubens (oder Nichtglaubens) bewusst zu werden und kein Fürwahrhalten vorzugeben, dessen man sich nicht bewusst ist, besteht nun eben die formale Gewissenhaftigkeit, welche der Grund der Wahrhaftigkeit ist. Derjenige also, welcher sich selbst (und, welches in den Religionsbekenntnissen einerlei ist, vor Gott) sagt: er glaube, ohne vielleicht auch nur einen Blick in sich selbst getan zu haben, ob er sich in der Tat dieses Fürwahrhaltens oder auch eines solchen Grades desselben bewusst sei*, der lügt nicht bloß die

* Das Erpressungsmittel der Wahrhaftigkeit in äußern Aussagen, der Eid (*tortura spiritualis* [verschiedene Formen des Sprechhandelns als Fortsetzung der Folter mit anderen Mitteln]), wird vor einem menschlichen Gerichtshofe nicht bloß für erlaubt, sondern auch für unentbehrlich gehalten: ein trauriger Beweis von der geringen Achtung der Menschen für die Wahrheit selbst im Tempel der öffentlichen Gerechtigkeit, wo die bloße Idee von ihr schon für sich die größte Achtung einflößen sollte! Aber die Menschen lügen auch Überzeugung, die sie wenigstens nicht von der Art oder in dem Grade haben, als sie vorgeben, selbst in ihrem innern Bekenntnisse; und da diese Unredlichkeit (weil sie nach und nach in wirkliche Überredung ausschlägt) auch äußere schädliche Folgen haben kann, so kann jenes Erpressungsmittel der Wahrhaftigkeit, der Eid (aber freilich nur ein innerer, d. i. der Versuch, ob das Fürwahrhalten auch die Probe einer innern eidlichen Abhörung des Bekenntnisses aushalte), dazu gleichfalls sehr wohl gebraucht werden, die Vermessenheit dreister, zuletzt auch wohl äußerlich gewaltsamer Behauptungen, wo nicht abzuhalten, doch wenigstens stutzig zu machen. – Von einem menschlichen Gerichtshofe wird dem Gewissen des Schwörenden nichts weiter zugemutet, als die Anheischigmachung: dass, wenn es einen künftigen Welt-

ungereimteste Lüge (vor einem Herzenskündiger), sondern auch die frevelhafteste, weil sie den Grund jedes tugendhaften Vorsatzes, die Aufrichtigkeit, untergräbt. Wie bald solche blinde und äußere Bekenntnisse (welche sehr leicht mit einem eben so unwahren innern vereinbart werden), wenn sie Erwerbmittel abgeben, allmählich eine gewisse Falschheit in die Denkungsart selbst des gemeinen Wesens bringen können, ist leicht abzusehen. – Während indes diese öffentliche

richter (mithin Gott und ein künftiges Leben) gibt, er ihm für die Wahrheit seines äußern Bekenntnisses verantwortlich sein wolle; dass es einen solchen Weltrichter gebe, davon hat er nicht nötig ihm ein Bekenntnis abzufordern, weil, wenn die erstere Beteurung die Lüge nicht abhalten kann, das zweite falsche Bekenntnis eben so wenig Bedenken erregen würde. Nach dieser innern Eidesdelation [Leisten eines Eides] würde man sich also selbst fragen: Getrauest du dir wohl, bei allem, was dir teuer und heilig ist, dich für die Wahrheit jenes wichtigen oder eines andern dafür gehaltenen Glaubenssatzes zu verbürgen? Bei einer solchen Zumutung wird das Gewissen aufgeschreckt durch die Gefahr, der man sich aussetzt, mehr vorzugeben, als man mit Gewissheit behaupten kann, wo das Dafürhalten einen Gegenstand betrifft, der auf dem Wege des Wissens (theoretischer Einsicht) gar nicht erreichbar ist, dessen Annehmung aber dadurch, dass sie allein den Zusammenhang der höchsten praktischen Vernunftprinzipien mit denen der theoretischen Naturerkenntnis in einem System möglich (und also die Vernunft mit sich selbst zusammenstimmend) macht, über alles empfehlbar, aber immer doch frei ist. – Noch mehr aber müssen Glaubensbekenntnisse, deren Quelle historisch ist, dieser Feuerprobe der Wahrhaftigkeit unterworfen werden, wenn sie Andern gar als Vorschriften auferlegt werden: weil hier die Unlauterkeit und geheuchelte Überzeugung auf Mehrere verbreitet wird, und die Schuld davon dem, der sich für Anderer Gewissen gleichsam verbürgt (denn die Menschen sind mit ihrem Gewissen gerne passiv), zur Last fällt.

Läuterung der Denkungsart wahrscheinlicher Weise auf entfernte Zeiten ausgesetzt bleibt, bis sie vielleicht einmal unter dem Schutze der Denkfreiheit ein allgemeines Erziehungs- und Lehrprinzip werden wir, mögen hier noch einige Zeilen auf die Betrachtung jener Unart, welche in der menschlichen Natur tief gewurzelt zu sein scheint, verwandt werden.

Es liegt etwas Rührendes und Seelenerhebendes in der Aufstellung eines aufrichtigen, von aller Falschheit und positiven Verstellung entfernten Charakters; da doch die Ehrlichkeit, eine bloße Einfalt und Geradheit der Denkungsart (vornehmlich wenn man ihr die Offenherzigkeit erlässt), das Kleinste ist, was man zu einem guten Charakter nur immer fordern kann, und daher nicht abzusehen ist, worauf sich denn jene Bewunderung gründe, die wir einem solchen Gegenstande widmen: es müsste denn sein, dass die Aufrichtigkeit die Eigenschaft wäre, von der die menschliche Natur gerade am weitesten entfernt ist. Eine traurige Bemerkung! Indem eben durch jene alle übrige Eigenschaften, sofern sie auf Grundsätzen beruhen, allein einen innern wahren Wert haben können. Ein kontemplativer Misanthrop (der keinem Menschen Böses wünscht, wohl aber geneigt ist von ihnen alles Böse zu glauben) kann nur zweifelhaft sein, ob er die Menschen *hassens-* oder ob er sie eher *verachtungswürdig* finden solle. Die Eigenschaften, um derentwillen er sie für die erste Begegnung qualifiziert zu sein urteilen würde, sind die, durch welche sie vorsätzlich schaden. Diejenige Eigenschaft aber, welche sie ihm eher der letztern Abwürdigung auszusetzen scheint, könnte keine andere sein, als ein Hang, der *an sich böse* ist, ob er gleich Niemanden schadet: ein Hang zu demjenigen, was zu keiner Absicht als Mittel gebraucht werden soll, was also objektiv zu nichts gut ist. Das erstere Böse wäre wohl kein anderes, als das der *Feindseligkeit* (gelinder gesagt, Lieblosigkeit); das zweite kann kein anderes sein als *Lügenhaftigkeit* (Falschheit, selbst ohne alle Absicht zu schaden). Die erste Neigung hat eine Absicht, deren Gebrauch doch in gewissen andern Beziehungen erlaubt und gut sein kann, z. B. die Feindseligkeit gegen unbesserliche Friedensstörer. Der zweite Hang aber ist der zum Gebrauch eines Mittels (der Lüge), das zu nichts gut ist, zu welcher Absicht es auch sei, weil es an sich selbst böse und verwerflich ist. In der Beschaffenheit des Menschen von der ersten Art ist Bosheit, womit sich doch noch Tüchtigkeit zu guten Zwecken in gewissen äußern Verhältnissen verbinden lässt, und sie sündigt nur in den Mitteln, die doch auch nicht in aller Absicht verwerflich sind. Das Böse von der letztern Art ist Nichtswürdigkeit, wodurch dem Menschen aller Charakter abgesprochen wird. – Ich halte mich hier hauptsächlich an der tief im Verborgnen liegenden Unlauterkeit, da der Mensch sogar die innern Aussagen vor seinem eignen Gewissen zu verfälschen weiß. Um desto weniger darf die äußere Betrugsneigung befremden; es müsste denn dieses sein, dass, obzwar ein jeder von der Falschheit der Münze belehrt ist, mit der er Verkehr treibt, sie sich dennoch immer so gut im Umlaufe erhalten kann.

In Herrn de Lüc[11] Briefen über die Gebirge, die Geschichte der Erde und Menschen erinnere ich mich folgendes Resultat seiner zum Teil anthropologischen Reise gelesen zu haben. Der menschenfreundliche Verfasser war mit der Voraussetzung der ursprünglichen Gutartigkeit unserer Gattung ausgegangen und suchte die Bestätigung derselben da, wo städtische Üppigkeit nicht solchen Einfluss haben kann, Gemüter zu verderben: in Gebirgen, von den schweizerischen an bis zum Harze; und nachdem sein Glauben an uneigennützig hülfleistende Neigung durch eine Erfahrung in den erstern etwas wankend geworden, so bringt er doch am Ende diese Schlussfolge heraus: dass der Mensch, was das Wohlwollen betrifft, gut genug sei (kein Wunder! denn dieses beruht auf eingepflanzter Neigung, wovon Gott der Urheber ist); wenn ihm nur nicht ein schlimmer Hang zur feinen Betrügerei beiwohnte (welches auch nicht zu verwundern ist; denn diese abzuhalten beruht auf dem Charakter, welchen der Mensch selber in sich bilden muss)! – Ein Resultat der Untersuchung, welches ein Jeder, auch ohne in Gebirge gereiset zu sein, unter seinen Mitbürgern, ja noch näher, in seinem eignen Busen, hätte antreffen können.

Das Ende aller Dinge.

Es ist ein vornehmlich in der frommen Sprache üblicher Ausdruck, einen sterbenden Menschen sprechen zu lassen: er gehe aus der Zeit in die Ewigkeit.

Dieser Ausdruck würde in der Tat nichts sagen, wenn hier unter der Ewigkeit eine ins Unendliche fortgehende Zeit verstanden werden sollte; denn da käme ja der Mensch nie aus der Zeit heraus, sondern ginge nur immer aus einer in die andre fort. Also muss damit ein Ende aller Zeit bei ununterbrochener Fortdauer des Menschen, diese Dauer aber (sein Dasein als Größe betrachtet) doch auch als eine mit der Zeit ganz unvergleichbare Größe (*duratio Noumenon*[1]) gemeint sein, von der wir uns freilich keinen (als bloß negativen) Begriff machen können. Dieser Gedanke hat etwas Grausendes in sich: weil er gleichsam an den Rand eines Abgrunds führt, aus welchem für den, der darin versinkt, keine Wiederkehr möglich ist (»Ihn aber hält am ernsten Orte, Der nichts zurücke läßt, Die Ewigkeit mit starken Armen fest.« Haller[2]); und doch auch etwas Anziehendes: denn man kann nicht aufhören, sein zurückgeschrecktes Auge immer wiederum darauf zu wenden (*nequeunt expleri corda tuendo.* Vergil[3].). Er ist furchtbar-erhaben: zum Teil wegen seiner Dunkelheit, in der die Einbildungskraft mächtiger als beim hellen Licht zu wirken pflegt. Endlich muss er doch auch mit der allgemeinen Menschenvernunft auf wundersame Weise verwebt sein: weil er unter allen vernünftelnden Völkern, zu allen Zeiten, auf eine oder andre Art eingekleidet, angetroffen wird. – Indem wir nun den Übergang aus der Zeit in die Ewigkeit (diese Idee mag, theoretisch, als Erkenntnis-Erweiterung, betrachtet, objektive Realität haben oder nicht), so wie ihn sich die Vernunft in moralischer Rücksicht selbst macht, verfolgen, stoßen wir auf das Ende aller Dinge als Zeitwesen und als Gegenstände möglicher

Erfahrung: welches Ende aber in der moralischen Ordnung der Zwecke zugleich der Anfang einer Fortdauer eben dieser als übersinnlicher, folglich nicht unter Zeitbedingungen stehender Wesen ist, die also und deren Zustand keiner andern als moralischer Bestimmung ihrer Beschaffenheit fähig sein wird.

Tage sind gleichsam Kinder der Zeit, weil der folgende Tag mit dem, was er enthält, das Erzeugnis des vorigen ist. Wie nun das letzte Kind seiner Eltern jüngstes Kind genannt wird: so hat unsre Sprache beliebt, den letzten Tag (den Zeitpunkt, der alle Zeit beschließt) den jüngsten Tag zu nennen. Der jüngste Tag gehört also annoch[4] zur Zeit; denn es geschieht an ihm noch irgend Etwas (nicht zur Ewigkeit, wo nichts mehr geschieht, weil das Zeitfortsetzung sein würde, Gehöriges): nämlich Ablegung der Rechnung der Menschen von ihrem Verhalten in ihrer ganzen Lebenszeit. Er ist ein Gerichtstag; das Begnadigungs- oder Verdammungs-Urteil des Weltrichters ist also das eigentliche Ende aller Dinge in der Zeit und zugleich der Anfang der (seligen oder unseligen) Ewigkeit, in welcher das Jedem zugefallne Los so bleibt, wie es in dem Augenblick des Ausspruchs (der Sentenz) ihm zu Teil ward. Also enthält der jüngste Tag auch das jüngste Gericht zugleich in sich. – Wenn nun zu den letzten Dingen noch das Ende der Welt, so wie sie in ihrer jetzigen Gestalt erscheint, nämlich das Abfallen der Sterne vom Himmel als einem Gewölbe, der Einsturz dieses Himmels selbst (oder das Entweichen desselben als eines eingewickelten Buchs), das Verbrennen beider, die Schöpfung eines neuen Himmels und einer neuen Erde zum Sitz der Seligen und der Hölle zu dem der Verdammten, gezählt werden sollten: so würde jener Gerichtstag freilich nicht der jüngste Tag sein; sondern es würden noch verschiedne andre auf ihn folgen. Allein da die Idee eines Endes aller Dinge ihren Ursprung nicht von dem Vernünfteln über den physischen, sondern über den moralischen Lauf der Dinge in der Welt hernimmt und dadurch allein veranlasst wird; der Letztere auch allein auf das Übersinnliche (welches nur am Moralischen verständlich ist), dergleichen die Idee der Ewigkeit ist, bezogen werden kann: so muss die Vorstellung jener letzten Dinge, die nach dem jüngsten Tage kommen sollen, nur als eine Versinnlichung des Letztern samt seinen moralischen, uns übrigens nicht theoretisch begreiflichen Folgen angesehen werden.

Es ist aber anzumerken, dass es von den ältesten Zeiten her zwei die künftige Ewigkeit betreffende Systeme gegeben hat: eines das der Unitarier derselben, welche allen Menschen (durch mehr oder weniger lange Büßungen gereinigt) die ewige Seligkeit, das andre das der Dualisten*, welche einigen Auserwählten die Seligkeit, allen übrigen aber die ewige Verdammnis zusprechen. Denn ein System, wornach Alle verdammt zu sein bestimmt wären, konnte wohl nicht Platz

* Ein solches System war in der altpersischen Religion (des Zoroaster) auf der Voraussetzung zweier im ewigen Kampf mit einander begriffenen Urwesen, dem guten Prinzip, Ormuzd, und dem bösen, Ahriman, gegründet. – Sonderbar ist es: dass die Sprache zweier weit von einander, noch weiter aber von dem jetzigen Sitz der deutschen Sprache entfernten Länder in der Benennung dieser beiden Urwesen deutlich ist. Ich erinnere mich bei Sonnerat [Pierre Sonnerat, 1748–1814, französischer Botaniker und Entdecker] gelesen zu haben, dass in Ava (dem Lande der Burachmanen) das gute Prinzip Godeman (welches Wort in dem Namen *Darius Codomannus* auch zu liegen scheint) genannt werde; und da das Wort Ahriman mit dem arge Mann sehr gleich lautet, das jetzige Persische auch eine Menge ursprünglich deutscher Wörter enthält: so mag es eine Aufgabe für den Altertumsforscher sein, auch an dem Leitfaden der Sprachverwandtschaft dem Ursprung der jetzigen Religionsbegriffe mancher Völker nachzugehn (Man s. Sonnerat's Reise, 4. Buch, 2. Kap., 2. B.).

finden, weil sonst kein rechtfertigender Grund da wäre, warum sie überhaupt wären erschaffen worden; die Vernichtung Aller aber eine verfehlte Weisheit anzeigen würde, die, mit ihrem eignen Werk unzufrieden, kein ander Mittel weiß, den Mängeln desselben abzuhelfen, als es zu zerstören. – Den Dualisten steht indes immer eben dieselbe Schwierigkeit, welche hinderte sich eine ewige Verdammung aller zu denken, im Wege: denn wozu, könnte man fragen, waren auch die Wenigen, warum auch nur ein Einziger geschaffen, wenn er nur dasein sollte, um ewig verworfen zu werden? welches doch ärger ist als gar nicht sein.

Zwar, soweit wir es einsehen, soweit wir uns selbst erforschen können, hat das dualistische System (aber nur unter einem höchstguten Urwesen) in praktischer Absicht für jeden Menschen, wie er sich selbst zu richten hat (obgleich nicht, wie er Andre zu richten befugt ist), einen überwiegenden Grund in sich: denn so viel er sich kennt, lässt ihm die Vernunft keine andre Aussicht in die Ewigkeit übrig, als die ihm aus seinem bisher geführten Lebenswandel sein eignes Gewissen am Ende des Lebens eröffnet. Aber zum Dogma, mithin um einen an sich selbst (objektiv) gültigen, theoretischen Satz daraus zu machen, dazu ist es als bloßes Vernunfturteil bei weitem nicht hinreichend. Denn welcher Mensch kennt sich selbst, wer kennt Andre so durch und durch, um zu entscheiden: ob, wenn er von den Ursachen seines vermeintlich wohlgeführten Lebenswandels alles, was man Verdienst des Glücks nennt, als sein angebornes gutartiges Temperament, die natürliche größere Stärke seiner obern Kräfte (des Verstandes und der Vernunft, um seine Triebe zu zähmen), überdem auch noch die Gelegenheit, wo ihm der Zufall glücklicherweise viele Versuchungen ersparte, die einen Andern trafen; wenn er dies Alles von seinem wirklichen Charakter absonderte (wie er das denn, um diesen gehörig zu würdigen, notwendig abrechnen muss, weil er es als Glücksgeschenk seinem eignen Verdienst nicht zuschreiben kann); wer will dann entscheiden, sage ich, ob vor dem allsehenden Auge eines Weltrichters ein Mensch seinem innern moralischen Werte nach überall noch irgend einen Vorzug vor dem andern habe, und es so vielleicht nicht ein ungereimter Eigendünkel sein dürfte, bei dieser oberflächlichen Selbsterkenntnis zu seinem Vorteil über den moralischen Wert (und das verdiente Schicksal) seiner selbst sowohl als Anderer irgend ein Urteil zu sprechen? – Mithin scheint das System des Unitariers sowohl als des Dualisten, beides als Dogma betrachtet, das spekulative Vermögen der menschlichen Vernunft gänzlich zu übersteigen und Alles uns dahin zurückzuführen, jene Vernunftideen schlechterdings nur auf die Bedingungen des praktischen Gebrauchs einzuschränken. Denn wir sehen doch nichts vor uns, das uns von unserm Schicksal in einer künftigen Welt jetzt schon belehren könnte, als das Urteil unsers eignen Gewissens, d. i. was unser gegenwärtiger moralischer Zustand, so weit wir ihn kennen, uns darüber vernünftigerweise urteilen lässt: dass nämlich, welche Prinzipien unsers Lebenswandels wir bis zu dessen Ende in uns herrschend gefunden haben (sie seien die des Guten oder des Bösen), auch nach dem Tode fortfahren werden es zu sein; ohne dass wir eine Abänderung derselben in jener Zukunft anzunehmen den mindesten Grund haben. Mithin müssten wir uns auch der jenem Verdienste oder dieser Schuld angemessenen Folgen unter der Herrschaft des guten oder des bösen Prinzips für die Ewigkeit gewärtigen; in welcher Rücksicht es folglich weise ist, so zu handeln, a l s o b ein andres Leben und der moralische Zustand, mit dem wir das gegenwärtige endigen, samt seinen Folgen beim Eintritt in dasselbe unabänderlich sei. In praktischer Absicht wird also das anzunehmende System das dualistische sein müssen; ohne doch ausmachen zu wollen, welches von beiden in theoretischer und bloß spekulativer den Vorzug verdiene: zumal da das unitarische zu sehr in gleichgültige Sicherheit einzuwiegen scheint.

Warum erwarten aber die Menschen überhaupt ein Ende der Welt? und, wenn dieses ihnen auch eingeräumt wird, warum eben ein Ende mit Schrecken (für den größten Teil des menschlichen Geschlechts)? ... Der Grund des erstern scheint darin zu liegen, weil die Vernunft ihnen sagt, dass die Dauer der Welt nur sofern einen Wert hat, als die vernünftigen Wesen in ihr dem Endzweck ihres Daseins gemäß sind, wenn dieser aber nicht erreicht werde sollte, die Schöpfung selbst ihnen zwecklos zu sein scheint: wie ein Schauspiel, das gar keinen Ausgang hat und keine vernünftige Absicht zu erkennen gibt. Das Letztere gründet sich auf der Meinung von der verderbten Beschaffenheit des menschlichen Geschlechts*, die bis zur Hoffnungslosigkeit groß sei; welchem

* Zu allen Zeiten haben sich dünkende Weise [sich weise Dünkende, also solche, die sich für Weise halten, es aber nicht unbedingt sein müssen] (oder Philosophen), ohne die Anlage zum Guten in der menschlichen Natur einiger Aufmerksamkeit zu würdigen, sich in widrigen, zum Teil ekelhaften Gleichnissen erschöpft, um unsere Erdenwelt, den Aufenthalt für Menschen, recht verächtlich vorzustellen: 1) Als ein Wirtshaus (Karavanserai), wie jener Derwisch sie ansieht: wo jeder auf seiner Lebensreise Einkehrende gefasst sein muss, von einem folgenden bald verdrängt zu werden. 2) Als ein Zuchthaus, welcher Meinung die brahmanischen, tibetanischen und andre Weisen des Orients (auch sogar Plato) zugetan sind: ein Ort der Züchtigung und Reinigung gefallner, aus dem Himmel verstoßner Geister, jetzt menschlicher oder Thier-Seelen. 3) Als ein Tollhaus: wo nicht allein Jeder für sich seine eignen Absichten vernichtet, sondern Einer dem Andern alles erdenkliche Herzeleid zufügt und obenein die Geschicklichkeit und Macht das tun zu können für die größte Ehre hält. Endlich 4) als ein Kloak, wo aller Unrat aus andern Welten hingebannt worden. Der letzere Einfall ist auf gewisse Art originell und einem persischen Witzling

ein Ende und zwar ein schreckliches Ende zu machen, die einzige der höchsten Weisheit und Gerechtigkeit (dem größten Teil der Menschen nach) anständige Maßregel sei. – Daher sind auch die Vorzeichen des jüngsten Tages (denn wo lässt es eine durch große Erwartungen erregte Einbildungskraft wohl an Zeichen und Wundern fehlen?) alle von der schrecklichen Art. Einige sehen sie in der überhandnehmenden Ungerechtigkeit, Unterdrückung der Armen durch übermütige Schwelgerei der Reichen und dem allgemeinen Verlust von Treu und Glauben; oder in den an allen Erdenden sich entzündenden blutigen Kriegen u. s. w.: mit einem Worte, an dem moralischen Verfall und der schnellen Zunahme aller Laster samt den sie begleitenden Übeln, dergleichen, wie sie wähnen, die vorige Zeit nie sah. Andre dagegen in ungewöhnlichen Naturveränderungen, an den Erdbeben, Stürmen und Überschwemmungen, oder Kometen und Luftzeichen.

In der Tat fühlen nicht ohne Ursache die Menschen die Last ihrer Existenz, ob sie gleich selbst die Ursache derselben sind. Der Grund davon scheint mir hierin zu liegen. – Natürlicher-

zu verdanken, der das Paradies, den Aufenthalt des ersten Menschenpaars, in den Himmel versetzte, in welchem Garten Bäume genug, mit herrlichen Früchten reichlich versehen, anzutreffen waren, deren Überschuss nach ihrem Genuss sich durch unmerkliche Ausdünstung verlor; einen einzigen Baum mitten im Garten ausgenommen, der zwar eine reizende, aber solche Frucht trug, die sich nicht ausschwitzen ließ. Da unsre ersten Eltern sich nun gelüsten ließen, ungeachtet des Verbots dennoch davon zu kosten: so war, damit sie den Himmel nicht beschmutzten, kein andrer Rat, als dass einer der Engel ihnen die Erde in weiter Ferne zeigte mit den Worten: »Das ist der Abtritt für das ganze Universum«, sie sodann dahinführte, um das Benötigte zu verrichten, und darauf mit Hinterlassung derselben zum Himmel zurückflog. Davon sei nun das menschliche Geschlecht auf Erden entsprungen.

weise eilt in den Fortschritten des menschlichen Geschlechts die Kultur der Talente, der Geschicklichkeit und des Geschmacks (mit ihrer Folge, der Üppigkeit) der Entwicklung der Moralität vor; und dieser Zustand ist gerade der lästigste und gefährlichste für Sittlichkeit sowohl als physisches Wohl: weil die Bedürfnisse viel stärker anwachsen, als die Mittel sie zu befriedigen. Aber die sittliche Anlage der Menschheit, die (wie Horazens *poena pede claudo*[5]) ihr immer nachhinkt, wird sie, die in ihrem eilfertigen Lauf sich selbst verfängt und oft stolpert, (wie man unter einem weisen Weltregierer wohl hoffen darf) dereinst überholen; und so sollte man selbst nach den Erfahrungsbeweisen des Vorzugs der Sittlichkeit in unserm Zeitalter in Vergleichung mit allen vorigen wohl die Hoffnung nähren können, dass der jüngste Tag eher mit einer Eliasfahrt[6], als mit einer der Rotte Korah[7] ähnlichen Höllenfahrt eintreten und das Ende aller Dinge auf Erden herbeiführen dürfte. Allein dieser heroische Glaube an die Tugend scheint doch subjektiv keinen so allgemeinkräftigen Einfluss auf die Gemüter zur Bekehrung zu haben, als der an einen mit Schrecken begleiteten Auftritt, der vor den letzten Dingen als vorhergehend gedacht wird.

* * *

Anmerkung. Da wir es hier bloß mit Ideen zu tun haben (oder damit spielen), die die Vernunft sich selbst schafft, wovon die Gegenstände (wenn sie deren haben) ganz über unsern Gesichtskreis hinausliegen, die indes, obzwar für das spekulative Erkenntnis überschwenglich, darum doch nicht in aller Beziehung für leer zu halten sind, sondern in praktischer Absicht uns von der gesetzgebenden Vernunft selbst an die Hand gegeben werden, nicht etwa um über ihre Gegenstände, was sie an sich und ihrer Natur nach sind, nachzugrübeln, sondern wie wir sie zum Behuf der moralischen, auf den Endzweck aller Dinge gerichteten Grundsätze zu denken haben (wodurch sie, die sonst gänzlich leer wären, objektive praktische Realität bekommen): – so haben wir ein freies Feld vor uns, dieses Produkt unsrer eignen Vernunft, den allgemeinen Begriff von einem Ende aller Dinge, nach dem Verhältnis, das er zu unserm Erkenntnisvermögen hat, einzuteilen und die unter ihm stehenden zu klassifizieren.

Diesem nach wird das Ganze 1) in das natürliche* Ende aller Dinge nach der Ordnung moralischer Zwecke göttlicher Weisheit, welches wir also (in praktischer Absicht) wohl verstehen können, 2) in das mystische (übernatürliche) Ende derselben in der Ordnung der wirkenden Ursachen, von welchen wir nichts verstehen, 3) in das widernatürliche (verkehrte) Ende aller Dinge, welches von uns selbst dadurch, dass wir den Endzweck missverstehen, herbeigeführt wird, eingeteilt und in drei Abteilungen vorgestellt werden: wovon die erste so eben abgehandelt worden, und nun die zwei noch übrigen folgen.

* * *

In der Apokalypse (X, 5, 6) »hebt ein Engel seine Hand auf gen Himmel und schwört bei dem Lebendigen von Ewigkeit zu Ewigkeit, der den Himmel erschaffen hat u.s.w.: dass hinfort keine Zeit mehr sein soll.«

* Natürlich (formaliter) heißt, was nach Gesetzen einer gewissen Ordnung, welche es auch sei, mithin auch der moralischen (also nicht immer bloß der physischen) notwendig folgt. Ihm ist das Nichtnatürliche, welches entweder das Übernatürliche, oder das Widernatürliche sein kann, entgegengesetzt. Das Notwendige aus Naturursachen würde auch als materialiter-natürlich (physisch-notwendig) vorgestellt werden.

Wenn man nicht annimmt, dass dieser Engel »mit seiner Stimme von sieben Donnern« (V. 3) habe Unsinn schreien wollen, so muss er damit gemeint haben, dass hinfort keine Veränderung sein soll; denn wäre in der Welt noch Veränderung, so wäre auch die Zeit da, weil jene nur in dieser Statt finden kann und ohne ihre Voraussetzung gar nicht denkbar ist.

Hier wird nun ein Ende aller Dinge als Gegenstände der Sinne vorgestellt, wovon wir uns gar keinen Begriff machen können: weil wir uns selbst unvermeidlich in Widersprüche verfangen, wenn wir einen einzigen Schritt aus der Sinnenwelt in die intelligible tun wollen; welches hier dadurch geschieht, dass der Augenblick, der das Ende der Erstern ausmacht, auch der Anfang der andern sein soll, mithin diese mit jener in eine und dieselbe Zeitreihe gebracht wird, welches sich widerspricht.

Aber wir sagen auch, dass wir uns eine Dauer als unendlich (als Ewigkeit) denken: nicht darum weil wir etwa von ihrer Größe irgend einen bestimmbaren Begriff haben – denn das ist unmöglich, da ihr die Zeit als Maß derselben gänzlich fehlt –; sondern jener Begriff ist, weil, wo es keine Zeit gibt, auch kein Ende Statt hat, bloß ein negativer von der ewigen Dauer, wodurch wir in unserm Erkenntnis nicht um einen Fußbreit weiter kommen, sondern nur gesagt werden will, dass der Vernunft in (praktischer) Absicht auf den Endzweck auf dem Wege beständiger Veränderungen nie Genüge getan werden kann: obzwar auch, wenn sie es mit dem Prinzip des Stillstandes und der Unveränderlichkeit des Zustandes der Weltwesen versucht, sie sich eben so wenig in Ansehung ihres theoretischen Gebrauchs genug tun, sondern vielmehr in gänzliche Gedankenlosigkeit geraten würde; da ihr dann nichts übrig bleibt, als sich eine ins Unendliche (in der Zeit) fortgehende Veränderung im beständigen Fortschreiten zum Endzweck zu denken, bei welchem die Gesinnung (welche nicht wie jenes ein Phänomen, sondern etwas Übersinnliches, mithin nicht in der Zeit veränderlich ist) bleibt und beharrlich dieselbe ist. Die Regel des praktischen Gebrauchs der Vernunft dieser Idee gemäß will also nichts weiter sagen als: wir müssen unsre Maxime so nehmen, als ob bei allen ins Unendliche gehenden Verändrungen vom Guten zum Bessern unser moralischer Zustand der Gesinnung nach (der *homo Noumenon*[8], »dessen Wandel im Himmel ist«) gar keinem Zeitwechsel unterworfen wäre.

Dass aber einmal ein Zeitpunkt eintreten wird, da alle Verändrung (und mit ihr die Zeit selbst) aufhört, ist eine die Einbildungskraft empörende Vorstellung. Alsdann wird nämlich die ganze Natur starr und gleichsam versteinert: der letzte Gedanke, das letzte Gefühl bleiben alsdann in dem denkenden Subjekt stehend und ohne Wechsel immer dieselben. Für ein Wesen, welches sich seines Daseins und der Größe desselben (als Dauer) nur in der Zeit bewusst werden kann, muss ein solches Leben, wenn es anders Leben heißen mag, der Vernichtung gleich scheinen: weil es, um sich in einen solchen Zustand hineinzudenken, doch überhaupt etwas denken muss, Denken aber ein Reflektieren enthält, welches selbst nur in der Zeit geschehen kann. – Die Bewohner der andern Welt werden daher so vorgestellt, wie sie nach Verschiedenheit ihres Wohnorts (dem Himmel oder der Hölle) entweder immer dasselbe Lied, ihr Hallelujah, oder ewig eben dieselben Jammertöne anstimmen (XIX, 1–6.; XX, 15): wodurch der gänzliche Mangel alles Wechsels in ihrem Zustande angezeigt werden soll.

Gleichwohl ist diese Idee, so sehr sie auch unsre Fassungskraft übersteigt, doch mit der Vernunft in praktischer Beziehung nahe verwandt. Wenn wir den moralisch-physischen Zustand des Menschen hier im Leben auch auf dem besten Fuß annehmen, nämlich eines beständigen Fortschreitens und Annäherns zum höchsten (ihm zum Ziel ausgesteckten) Gut: so kann er doch (selbst im Bewusstsein der Unveränderlichkeit seiner Gesinnung) mit der Aussicht in eine ewig dauernde Veränderung seines Zustandes (des sittlichen sowohl als physischen) die Zufriedenheit nicht verbinden. Denn der Zustand, in welchem er jetzt ist, bleibt immer doch ein Übel vergleichsweise gegen den bessern, in den zu treten er in Bereitschaft steht; und die Vorstellung eines unendlichen Fortschreitens zum Endzweck ist doch zugleich ein Prospekt in[9] eine unendliche Reihe von Übeln, die, ob sie zwar von dem größern Guten überwogen werden, doch die Zufriedenheit nicht Statt finden lassen, sie er sich nur dadurch, dass der Endzweck endlich einmal erreicht wird, denken kann.

Darüber gerät nun der nachgrübelnde Mensch in die Mystik (denn die Vernunft, weil sie sich nicht leicht mit ihrem immanenten, d.i. praktischen, Gebrauch begnügt, sondern gern im Transzendenten etwas wagt, hat auch ihre Geheimnisse), wo seine Vernunft sich selbst, und was sie will, nicht versteht, sondern lieber schwärmt, als sich, wie es einem intellektuellen Bewohner einer Sinnenwelt geziemt, innerhalb den Grenzen dieser eingeschränkt zu halten. Daher kommt das Ungeheuer von System des Laokiun von dem höchsten Gut, das im Nichts bestehen soll: d.i. im Bewusstsein, sich in den Abgrund der Gottheit durch das Zusammenfließen mit derselben und also durch Vernichtung seiner Persönlichkeit verschlungen zu fühlen; von welchem Zustande die Vorempfindung zu haben, sinesische Philosophen sich in dunkeln Zimmern mit geschlossenen Augen anstrengen, dieses ihr Nichts zu denken und zu empfinden. Daher der Pantheism[10] (der Tibetaner und andrer östlichen Völker) und der aus der metaphysischen Sublimierung desselben in der Folge erzeugte Spinozism: welche beide mit dem uralten Emanationssystem aller Menschenseelen aus der Gottheit (und ihrer endlichen Resorption in eben dieselbe) nahe verschwistert sind. Alles lediglich darum, damit die Menschen sich endlich doch einer *ewigen Ruhe* zu erfreuen haben möchten, welche denn ihr vermeintes seliges Ende aller Dinge ausmacht; eigentlich ein Begriff, mit dem ihnen zugleich der Verstand ausgeht und alles Denken selbst ein Ende hat.

* * *

Das Ende aller Dinge, die durch der Menschen Hände gehen, ist selbst bei ihren guten Zwecken *Torheit*: das ist, Gebrauch solcher Mittel zu ihren Zwecken, die diesen gerade zuwider sind. *Weisheit*, d.i. praktische Vernunft in der Angemessenheit ihrer dem Endzweck aller Dinge, dem höchsten Gut, völlig entsprechenden Maßregeln, wohnt allein bei Gott; und ihrer Idee nur nicht sichtbarlich entgegen zu handeln, ist das, was man etwa menschliche Weisheit nennen könnte. Diese Sicherung aber wider Torheit, die der Mensch nur durch Versuche und öftre Veränderung seiner Plane zu erlangen hoffen darf, ist mehr »ein Kleinod, welchem auch der beste Mensch nur nachjagen kann, ob er es etwa *ergreifen möchte*;«[11] wovon er aber niemals sich die eigenliebige[12] Überredung darf anwandeln lassen, viel weniger darnach verfahren, als ob er es *ergriffen habe*. – Daher auch die von Zeit zu Zeit veränderten, oft widersinnigen Entwürfe zu schicklichen Mitteln, um *Religion in einem ganzen Volk lauter und zugleich kraftvoll* zu machen; so dass man wohl ausrufen kann: Arme Sterbliche, bei euch ist nichts beständig, als die Unbeständigkeit!

Wenn es indes mit diesen Versuchen doch endlich einmal so weit gediehen ist, dass das Gemeinwesen fähig und geneigt ist, nicht bloß den hergebrachten frommen Lehren, sondern auch der durch sie erleuchteten praktischen Vernunft (wie es zu einer Religion auch schlechterdings notwendig ist) Gehör zu geben; wenn die (auf menschliche Art) Weisen unter dem Volk nicht durch unter sich genommene Abreden (als ein Klerus), sondern als Mitbürger Entwürfe machen und darin größtenteils übereinkommen, welche auf unverdächtige Art beweisen, dass ihnen um Wahrheit zu tun sei; und das Volk wohl auch im Ganzen (wenn gleich noch nicht im kleinsten Detail) durch das allgemein gefühlte, nicht auf Autorität gegründete Bedürfnis der notwendigen Anbauung seiner moralischen Anlage daran Interesse nimmt: so scheint nichts ratsamer zu sein, als Jene nur machen und ihren Gang fortsetzen zu lassen, da sie einmal, was die Idee betrifft, der sie nachgehn, auf gutem Wege sind; was aber den Erfolg aus den zum besten Endzweck gewählten Mitteln betrifft, da dieser, wie er nach dem Laufe der Natur ausfallen dürfte, immer ungewiss bleibt, ihn der Vorsehung zu überlassen. Denn, man mag so schwergläubig sein, wie man will, so muss man doch, wo es schlechterdings unmöglich ist, den Erfolg aus gewissen nach aller menschlichen Weisheit (die, wenn sie ihren Namen verdienen soll, lediglich auf das Moralische gehen muss) genommenen Mitteln mit Gewissheit voraus zu sehn, eine Konkurrenz göttlicher Weisheit zum Laufe der Natur auf praktische Art glauben, wenn man seinen Endzweck nicht lieber gar aufgeben will. – Zwar wird man einwenden: Schon oft ist gesagt worden, der gegenwärtige Plan ist der beste; bei ihm muss es von nun an auf immer bleiben, das ist jetzt ein Zustand für die Ewigkeit. »Wer (nach diesem Begriffe) gut ist, der ist immerhin[13] gut, und wer (ihm zuwider) böse ist, ist immerhin böse« (Apokal. XXII, 11): gleich als ob die Ewigkeit und mit ihr das Ende aller Dinge schon jetzt eingetreten sein könne; – und gleichwohl sind seitdem immer neue Plane, unter welchen der neueste oft nur die Wiederherstellung eines alten war, auf die Bahn gebracht worden, und es wird auch an mehr letzten Entwürfen fernerhin nicht fehlen.

Ich bin mir so sehr meines Unvermögens, hierin einen neuen und glücklichen Versuch zu machen, bewusst, dass ich, wozu freilich keine große Erfindungskraft gehört, lieber raten möchte: die Sachen so zu lassen, wie sie zuletzt standen und beinahe ein Menschenalter hindurch sich als erträglich gut in ihren Folgen bewiesen hatten. Da das aber wohl nicht die Meinung der Männer von entweder großem oder doch unternehmendem Geiste sein möchte: so sei es mir erlaubt, nicht sowohl, was sie zu tun, sondern wogegen zu verstoßen sie sich ja in Acht zu nehmen hätten, weil sie sonst ihrer eignen Absicht (wenn sie auch die beste wäre) zuwider handeln würden, bescheidentlich anzumerken.

Das Christentum hat außer der größten Achtung, welche die Heiligkeit seiner Gesetze unwiderstehlich einflößt, noch etwas L i e b e n s w ü r d i g e s in sich. (Ich meine hier nicht die Liebenswürdigkeit der Person, die es uns mit großen Aufopferungen erworben hat, sondern der Sache selbst: nämlich der sittlichen Verfassung, die Er stiftete; denn jene lässt sich nur aus dieser folgern.) Die Achtung ist ohne Zweifel das Erste, weil ohne sie auch keine wahre Liebe Statt findet; ob man gleich ohne Liebe doch große Achtung gegen Jemand hegen kann. Aber wenn es nicht bloß auf Pflichtvorstellung, sondern auch auf Pflichtbefolgung ankommt, wenn man nach dem s u b j e k t i v e n Grunde der Handlungen fragt, aus welchem, wenn man ihn voraussetzen darf, am ersten zu erwarten ist, was der Mensch t u n w e r d e, nicht bloß nach dem objektiven, w a s e r t u n s o l l: so ist doch die Liebe, als freie Aufnahme des Willens eines Andern unter seine Maximen, ein unentbehrliches Ergänzungsstück der Unvollkommenheit der menschlichen Natur (zu dem, was die Vernunft durchs Gesetz vorschreibt, genötigt werden zu müssen): denn was Einer nicht gern tut, das tut er so kärglich, auch wohl mit sophistischen Ausflüchten vom Gebot der Pflicht, dass auf diese als

Triebfeder ohne den Beitritt jener nicht sehr viel zu rechnen sein möchte.

Wenn man nun, um es recht gut zu machen, zum Christentum noch irgend eine Autorität (wäre es auch die göttliche) hinzutut, die Absicht derselben mag auch noch so wohlmeinend und der Zweck auch wirklich noch so gut sein, so ist doch die Liebenswürdigkeit desselben verschwunden: denn es ist ein Widerspruch, Jemanden zu gebieten, dass er etwas nicht allein tue, sondern es auch gern tun solle.

Das Christentum hat zur Absicht: Liebe zu dem Geschäft der Beobachtung seiner Pflicht überhaupt zu befördern, und bringt sie auch hervor, weil der Stifter desselben nicht in der Qualität des Befehlshabers, der seinen Gehorsam fordernden Willen, sondern in der eines Menschenfreundes redet, der seinen Mitmenschen ihren eignen wohlverstandnen Willen, d.i. wornach sie von selbst freiwillig handeln würden, wenn sie sich selbst gehörig prüften, ans Herz legt.

Es ist also die liberale Denkungsart – gleichweit entfernt vom Sklavensinn und von Bandenlosigkeit –, wovon das Christentum für seine Lehre Effekt erwartet, durch die es die Herzen der Menschen für sich zu gewinnen vermag, deren Verstand schon durch die Vorstellung des Gesetzes ihrer Pflicht erleuchtet ist. Das Gefühl der Freiheit in der Wahl des Endzwecks ist das, was ihnen die Gesetzgebung liebenswürdig macht. – Obgleich also der Lehrer desselben auch Strafen ankündigt, so ist das doch nicht so zu verstehen, wenigstens ist es der eigentümlichen Beschaffenheit des Christentums nicht angemessen es so zu erklären, als sollten diese die Triebfedern werden, seinen Geboten Folge zu leisten: denn sofern würde es aufhören liebenswürdig zu sein. Sondern man darf dies nur als liebreiche, aus dem Wohlwollen des Gesetzgebers entspringende Warnung, sich vor dem Schaden zu hüten, welcher unvermeidlich aus der Übertretung des Gesetzes entspringen müsste (denn: *lex est res surda et inexorabilis.* Livius[14]), auslegen: weil nicht das Christentum als freiwillig angenommene Lebensmaxime, sondern das Gesetz hier droht: welches, als unwandelbar in der Natur der Dinge liegende Ordnung, selbst nicht der Willkür des Schöpfers, die Folge derselben so oder anders zu entscheiden, überlassen ist.

Wenn das Christentum Belohnungen verheißt (z. B. »Seid fröhlich und getrost, es wird Euch im Himmel alles wohl vergolten werden«): so muss das nach der liberalen Denkungsart nicht so ausgelegt werden, als wäre es ein Angebot, um dadurch den Menschen zum guten Lebenswandel gleichsam zu dingen[15]: denn da würde das Christentum wiederum für sich selbst nicht liebenswürdig sein. Nur ein Ansinnen solcher Handlungen, die aus uneigennützigen Beweggründen entspringen, kann gegen den, welcher das Ansinnen tut, dem Menschen Achtung einflößen; ohne Achtung aber gibt es keine wahre Liebe. Also muss man jener Verheißung nicht den Sinn beilegen, als sollten die Belohnungen für die Triebfedern der Handlungen genommen werden. Die Liebe, wodurch eine liberale Denkart an einen Wohltäter gefesselt wird, richtet sich nicht nach dem Guten, was der Bedürftige empfängt, sondern bloß nach der Gütigkeit des Willens dessen, der geneigt ist es zu erteilen: sollte er auch etwa nicht dazu vermögend sein, oder durch andre Beweggründe, welche die Rücksicht auf das allgemeine Weltbeste mit sich bringt, an der Ausführung gehindert werden.

Das ist die moralische Liebenswürdigkeit, welche das Christentum bei sich führt, die durch manchen äußerlich ihm beigefügten Zwang bei dem öftern Wechsel der Meinungen immer noch durchgeschimmert und es gegen die Abneigung erhalten hat, die es sonst hätte treffen müssen, und welche (was merkwürdig ist) zur Zeit der größten Aufklärung, die je unter Menschen war, sich immer in einem nur desto hellern Lichte zeigt.

Sollte es mit dem Christentum einmal dahin kommen, dass es aufhörte liebenswürdig zu sein (welches sich wohl zutragen könnte, wenn es statt seines sanften Geistes mit gebieterischer Autorität bewaffnet würde): so müsste, weil in moralischen Dingen keine Neutralität (noch weniger Koalition entgegengesetzter Prinzipien) Statt findet, eine Abneigung und Widersetzlichkeit gegen dasselbe die herrschende Denkart der Menschen werden; und der Antichrist, der ohnehin für den Vorläufer des jüngsten Tages gehalten wird, würde sein (vermutlich auf Furcht und Eigennutz gegründetes), obzwar kurzes Regiment anfangen: alsdann aber, weil das Christentum allgemeine Weltreligion zu sein zwar bestimmt, aber es zu werden von dem Schicksal nicht begünstigt sein würde, das (verkehrte) Ende aller Dinge in moralischer Rücksicht eintreten.

Über ein vermeintes Recht aus Menschenliebe zu lügen.

In der Schrift: Frankreich im Jahr 1797, Sechstes Stück, Nr. I: Von den politischen Gegenwirkungen, von Benjamin Constant[1], ist Folgendes S. 123 enthalten.

»Der sittliche Grundsatz: es sei eine Pflicht die Wahrheit zu sagen, würde, wenn man ihn unbedingt und vereinzelt nähme, jede Gesellschaft zur Unmöglichkeit machen. Den Beweis davon haben wir in den sehr unmittelbaren Folgerungen, die ein deutscher Philosoph aus diesem Grundsatze gezogen hat, der so weit geht zu behaupten: dass die Lüge gegen einen Mörder, der uns fragte, ob unser von ihm verfolgter Freund sich nicht in unser Haus geflüchtet, ein Verbrechen sein würde*.«

Der französische Philosoph widerlegt S. 124 diesen Grundsatz auf folgende Art: »Es ist eine Pflicht die Wahrheit zu sagen. Der Begriff von Pflicht ist unzertrennbar von dem Begriff des Rechts. Eine Pflicht ist, was bei einem Wesen den Rechten eines anderen entspricht. Da, wo es keine Rechte gibt, gibt es keine Pflichten. Die Wahrheit zu sagen, ist also eine Pflicht; aber nur gegen denjenigen, welcher ein Recht auf die Wahrheit

* »J. D. Michaelis in Göttingen hat diese seltsame Meinung noch früher vorgetragen als Kant. Dass Kant der Philosoph sei, von dem diese Stelle redet, hat mir der Verfasser dieser Schrift selbst gesagt.« K. Fr. Cramer †).

†) Dass dieses wirklich an irgend einer Stelle, deren ich mich aber jetzt nicht mehr besinnen kann, von mir gesagt worden, gestehe ich hiedurch.
I. Kant.

hat. Kein Mensch aber hat Recht auf eine Wahrheit, die Anderen schadet.«

Das πρωτον ψευδος[2] liegt hier in dem Satze: »Die Wahrheit zu sagen ist eine Pflicht, aber nur gegen denjenigen, welcher ein Recht auf die Wahrheit hat.«

Zuerst ist anzumerken, dass der Ausdruck: ein Recht auf die Wahrheit haben, ein Wort ohne Sinn ist. Man muss vielmehr sagen: der Mensch habe ein Recht auf seine eigene Wahrhaftigkeit (*veracitas*), d.i. auf die subjektive Wahrheit in seiner Person. Denn objektiv auf eine Wahrheit ein Recht haben, würde so viel sagen als: es komme wie überhaupt beim Mein und Dein auf seinen Willen an, ob ein gegebener Satz wahr oder falsch sein solle; welches dann eine seltsame Logik abgeben würde.

Nun ist die erste Frage: ob der Mensch in Fällen, wo er einer Beantwortung mit Ja oder Nein nicht ausweichen kann, die Befugnis (das Recht) habe unwahrhaft zu sein. Die zweite Frage ist: ob er nicht gar verbunden sei in einer gewissen Aussage, wozu ihn ein ungerechter Zwang nötigt, unwahrhaft zu sein, um eine ihn bedrohende Missetat an sich oder einem Anderen zu verhüten.

Wahrhaftigkeit in Aussagen, die man nicht umgehen kann, ist formale Pflicht des Menschen gegen Jeden*, es mag ihm oder einem Andern daraus auch noch so großer Nachteil erwachsen; und ob ich zwar dem, welcher mich ungerechterweise zur Aussage nötigt, nicht Unrecht tue, wenn ich sie verfäl-

* Ich mag hier nicht den Grundsatz bis dahin schärfen, zu sagen: »Unwahrhaftigkeit ist Verletzung der Pflicht gegen sich selbst.« Denn dieser gehört zur Ethik; hier aber ist von einer Rechtspflicht die Rede. – Die Tugendlehre sieht in jener Übertretung nur auf die Nichtswürdigkeit, deren Vorwurf der Lügner sich selbst zuzieht.

sche, so tue ich doch durch eine solche Verfälschung, die darum auch (obzwar nicht im Sinn des Juristen) Lüge genannt werden kann, im wesentlichsten Stücke der Pflicht überhaupt Unrecht: d.i. ich mache, so viel an mir ist, dass Aussagen (Deklarationen) überhaupt keinen Glauben finden, mithin auch alle Rechte, die auf Verträgen gegründet werden, wegfallen und ihre Kraft einbüßen; welches ein Unrecht ist, das der Menschheit überhaupt zugefügt wird.

Die Lüge also, bloß als vorsätzlich unwahre Deklaration gegen einen andern Menschen definiert, bedarf nicht des Zusatzes, dass sie einem Anderen schaden müsse; wie die Juristen es zu ihrer Definition verlangen (*mendacium est falsiloquium in praeiudicium alterius*[3]). Denn sie schadet jederzeit einem Anderen, wenn gleich nicht einem andern Menschen, doch der Menschheit überhaupt, indem sie die Rechtsquelle unbrauchbar macht.

Diese gutmütige Lüge kann aber auch durch einen Zufall (*casus*) strafbar werden nach bürgerlichen Gesetzen; was aber bloß durch den Zufall der Straffälligkeit entgeht, kann auch nach äußeren Gesetzen als Unrecht abgeurteilt werden. Hast du nämlich einen eben jetzt mit Mordsucht Umgehenden durch eine Lüge an der Tat verhindert, so bist du für alle Folgen, die daraus entspringen möchten, auf rechtliche Art verantwortlich. Bist du aber strenge bei der Wahrheit geblieben, so kann dir die öffentliche Gerechtigkeit nichts anhaben; die unvorhergesehene Folge mag sein, welche sie wolle. Es ist doch möglich, dass, nachdem du dem Mörder auf die Frage, ob der von ihm Angefeindete zu Hause sei, ehrlicherweise mit Ja geantwortet hast, dieser doch unbemerkt ausgegangen ist und so dem Mörder nicht in den Wurf gekommen, die Tat also nicht geschehen wäre; hast du aber gelogen und gesagt, er sei nicht zu Hause, und er ist auch wirklich (obzwar dir unbewusst) ausgegangen, wo denn der Mörder ihm im Weggehen begegnete und seine Tat an ihm verübte: so kannst du mit Recht als Urheber des Todes desselben angeklagt werden. Denn hättest du die Wahrheit, so gut du sie wusstest, gesagt: so wäre vielleicht der Mörder über dem Nachsuchen seines Feindes im Hause von herbeigelaufenen Nachbarn ergriffen und die Tat verhindert worden. Wer also lügt, so gutmütig er dabei auch gesinnt sein mag, muss die Folgen davon, selbst vor dem bürgerlichen Gerichtshofe, verantworten und dafür büßen, so unvorhergesehen sie auch immer sein mögen: weil Wahrhaftigkeit eine Pflicht ist, die als die Basis aller auf Vertrag zu gründenden Pflichten angesehen werden muss, deren Gesetz, wenn man ihr auch nur die geringste Ausnahme einräumt, schwankend und unnütz gemacht wird.

Es ist also ein heiliges, unbedingt gebietendes, durch keine Konvenienzen[4] einzuschränkendes Vernunftgebot: in allen Erklärungen wahrhaft (ehrlich) zu sein.

Wohldenkend und zugleich richtig ist hiebei Hrn. Constants Anmerkung über die Verschreiung[5] solcher strenger und sich vorgeblich in unausführbare Ideen verlierender, hiemit aber verwerflicher Grundsätze. – »Jedesmal (sagt er S. 123 unten) wenn ein als wahr bewiesener Grundsatz unanwendbar scheint, so kommt es daher, dass wir den mittlern Grundsatz nicht kennen, der das Mittel der Anwendung enthält.« Er führt (S. 121) die Lehre von der Gleichheit als den ersten die gesellschaftliche Kette bildenden Ring an: »Dass (S. 122) nämlich kein Mensch anders als durch solche Gesetze gebunden werden kann, zu deren Bildung er mit beigetragen hat. In einer sehr ins Enge zusammengezogenen Gesellschaft kann dieser Grundsatz auf unmittelbare Weise angewendet werden und bedarf, um ein gewöhnlicher zu werden, keines mittleren Grundsatzes. Aber in einer sehr zahlreichen Gesellschaft muss man einen neuen Grundsatz zu demjenigen noch hinzufügen, den wir hier anführen. Dieser mittlere Grundsatz ist: dass die

Einzelnen zur Bildung der Gesetze entweder in eigener Person oder durch Stellvertreter beitragen können. Wer den ersten Grundsatz auf eine zahlreiche Gesellschaft anwenden wollte, ohne den mittleren dazu zu nehmen, würde unfehlbar ihr Verderben zuwege bringen. Allein dieser Umstand, der nur von der Unwissenheit oder Ungeschicklichkeit des Gesetzgebers zeugte, würde nichts gegen den Grundsatz beweisen.« – Er beschließt S. 125 hiemit: »Ein als wahr anerkannter Grundsatz muss also niemals verlassen werden: wie anscheinend auch Gefahr dabei sich befindet.« [Und doch hatte der gute Mann den unbedingten Grundsatz der Wahrhaftigkeit wegen der Gefahr, die er für die Gesellschaft bei sich führe, selbst verlassen: weil er keinen mittleren Grundsatz entdecken konnte, der diese Gefahr zu verhüten diente, und hier auch wirklich keiner einzuschieben ist.]

Wenn man die Namen der Personen, sowie sie hier aufgeführt werden, beibehalten will: so verwechselte »der französische Philosoph« die Handlung, wodurch Jemand einem Anderen schadet (*nocet*), indem er die Wahrheit, deren Geständnis er nicht umgehen kann, sagt, mit derjenigen, wodurch er diesem Unrecht tut (*laedit*). Es war bloß ein Zufall (*casus*), dass die Wahrhaftigkeit der Aussage dem Einwohner des Hauses schadete, nicht eine freie Tat (in juridischer Bedeutung). Denn aus seinem Rechte, von einem Anderen zu fordern, dass er ihm zum Vorteil lügen solle, würde ein aller Gesetzmäßigkeit widerstreitender Anspruch folgen. Jeder Mensch aber hat nicht allein ein Recht, sondern sogar die strengste Pflicht zur Wahrhaftigkeit in Aussagen, die er nicht umgehen kann: sie mag nun ihm selbst oder Andern schaden. Er selbst tut also hiemit dem, der dadurch leidet, eigentlich nicht Schaden, sondern diesen verursacht der Zufall. Denn Jener ist hierin gar nicht frei, um zu wählen: weil die Wahrhaftigkeit (wenn er einmal sprechen muss) unbedingte Pflicht ist. – Der »deutsche

Philosoph« wird also den Satz (S. 124): »Die Wahrheit zu sagen ist eine Pflicht, aber nur gegen denjenigen, welcher ein Recht auf die Wahrheit hat«, nicht zu seinem Grundsatze annehmen: erstlich wegen der undeutlichen Formel desselben, indem Wahrheit kein Besitztum ist, auf welchen dem Einen das Recht verwilligt, Anderen aber verweigert werden könne; dann aber vornehmlich, weil die Pflicht der Wahrhaftigkeit (als von welcher hier allein die Rede ist) keinen Unterschied zwischen Personen macht, gegen die man diese Pflicht haben, oder gegen die man sich auch von ihr lossagen könne, sondern weil es unbedingte Pflicht ist, die in allen Verhältnissen gilt.

Um nun von einer Metaphysik des Rechts (welche von allen Erfahrungsbedingungen abstrahiert) zu einem Grundsatze der Politik (welcher diese Begriffe auf Erfahrungsfälle anwendet) und vermittelst dieses zur Auflösung einer Aufgabe der Letzteren dem allgemeinen Rechtsprinzip gemäß zu gelangen: wird der Philosoph 1) ein Axiom[6], d. i. einen apodiktisch gewissen Satz, der unmittelbar aus der Definition des äußern Rechts (Zusammenstimmung der Freiheit eines Jeden mit der Freiheit von Jedermann nach einem allgemeinen Gesetze) hervorgeht, 2) ein Postulat[7] (des äußeren öffentlichen Gesetzes, als vereinigten Willens Aller nach dem Prinzip der Gleichheit, ohne welche keine Freiheit von Jedermann Statt haben würde, 3) ein Problem geben, wie es anzustellen sei, dass in einer noch so großen Gesellschaft dennoch Eintracht nach Prinzipien der Freiheit und Gleichheit erhalten werde (nämlich vermittelst eines repräsentativen Systems); welches dann ein Grundsatz der Politik sein wird, deren Veranstaltung und Anordnung nun Dekrete enthalten wird, die, aus der Erfahrungserkenntnis der Menschen gezogen, nur den Mechanism der Rechtsverwaltung, und wie dieser zweckmäßig einzurichten sei, beabsichtigen. – – Das Recht muss nie der Politik, wohl aber die Politik jederzeit dem Recht angepasst werden.

»Ein als wahr anerkannter (ich setze hinzu: *a priori* anerkannter, mithin apodiktischer) Grundsatz muss niemals verlassen werden, wie anscheinend auch Gefahr sich dabei befindet«, sagt der Verfasser. Nur muss man hier nicht die Gefahr (zufälligerweise) zu schaden, sondern überhaupt Unrecht zu tun verstehen: welches geschehen würde, wenn ich die Pflicht der Wahrhaftigkeit, die gänzlich unbedingt ist und in Aussagen die oberste rechtliche Bedingung ausmacht, zu einer bedingten und noch andern Rücksichten untergeordneten mache und, obgleich ich durch eine gewisse Lüge in der Tat niemanden Unrecht tue, doch das Prinzip des Rechts in Ansehung aller unumgänglich notwendigen Aussagen überhaupt verletze (formaliter[8], obgleich nicht materialiter[9], Unrecht tue): welches viel schlimmer ist als gegen irgend Jemanden eine Ungerechtigkeit begehn, weil eine solche Tat nicht eben immer einen Grundsatz dazu im Subjekte voraussetzt.

Der, welcher die Anfrage, die ein Anderer an ihn ergehen lässt: ob er in seiner Aussage, die er jetzt tun soll, wahrhaft sein wolle oder nicht, nicht schon mit Unwillen über den gegen ihn hiemit geäußerten Verdacht, er möge auch wohl ein Lügner sein, aufnimmt, sondern sich die Erlaubnis ausbittet sich erst auf mögliche Ausnahmen zu besinnen, ist schon ein Lügner (*in potentia*[10]): weil er zeigt, dass er die Wahrhaftigkeit nicht für Pflicht an sich selbst anerkenne, sondern sich Ausnahmen vorbehält von einer Regel, die ihrem Wesen nach keiner Ausnahme fähig ist, weil sie sich in dieser geradezu selbst widerspricht.

Alle rechtlich-praktische Grundsätze müssen strenge Wahrheit enthalten, und die hier sogenannten mittleren können nur die nähere Bestimmung ihrer Anwendung auf vorkommende Fälle (nach Regeln der Politik), aber niemals Ausnahmen von jenen enthalten: weil diese die Allgemeinheit vernichten, derentwegen allein sie den Namen der Grundsätze führen.

Zu dieser Ausgabe

Die einzelnen Aufsätze sind der Ausgabe

> Kant's gesammelte Schriften. Hrsg. von der Königlich Preußischen Akademie der Wissenschaften. Erste Abteilung: Werke. Achter Band. Berlin 1912

bzw. der sogenannten »Akademie-Ausgabe« entnommen, und zwar

> »Beantwortung der Frage: Was ist Aufklärung?« (zuerst erschienen in der Berlinischen Monatsschrift 1784 IV, S. 481–495) von S. 35–42,
>
> »Was heißt: Sich im Denken orientiren?« (zuerst erschienen am 18. April 1786 in der Allgemeinen Literaturzeitung II, S. 113–116) von S. 133–147,
>
> »Über das Mißlingen aller philosophischen Versuche in der Theodicee« (zuerst erschienen im Septemberheft der Berlinischen Monatsschrift 1791 XVIII, S. 194–225) von S. 255–271,
>
> »Das Ende aller Dinge« (zuerst erschienen in der Berlinischen Monatsschrift 1794 XXIII, S. 495–522) von S. 327–339 und
>
> »Über ein vermeintes Recht aus Menschenliebe zu lügen« (zuerst erschienen in der Berlinischen Monatsschrift 1784 IV, S. 481–494) von S. 425–430.

Anmerkungen des Herausgebers sind im Haupttext mit Ziffern versehen und werden im Kapitel »Anmerkungen« (S. 86–90) aufgeführt. Originalfußnoten Immanuel Kants stehen mit Asterisken im Haupttext, Anmerkungen hierzu sind mit eckigen Klammern im Fußnotentext eingefügt (der Verlag dankt Professor Dr. Volker Gerhardt für die Unterstützung bei der Klärung von Detailfragen). Die Rechtschreibung der Texte wurde behutsam modernisiert.

Anmerkungen

Beantwortung der Frage: Was ist Aufklärung?

1 »von Natur aus mündig«.
2 d. h. alle Frauen.
3 Despotismus.
4 vernünftig reden, Schlüsse ziehen.
5 gemeint ist Friedrich der Große (vgl. Anm. 11).
6 Mechanismus.
7 lediglich so tun, als ob man vernünftig nachdenkt.
8 eigtl. ein Stein, an dem sich durch Reiben die Güte von Metall (etwa von Gold) bestimmen lässt; hier: die Probe aufs Exempel.
9 auferlegt ist.
10 »Cäsar steht nicht über den Grammatikern« (d. h. er darf diesen nichts vorschreiben).
11 gemeint ist Friedrich der Große (1712–1786), der sich selbst als den ersten Diener seines Staates bezeichnete und Religionsfreiheit verordnete.

Was heißt:
Sich im Denken orientieren?

1 später.
2 Heuristik: Lehre von den Verfahren zur Problemlösung.
3 Moses Mendelssohn (1729–1786), berühmter Aufklärer und Begründer der Haskala, d. i. eine Bewegung der jüdischen Aufklärung aus den 1770er und 1780er Jahren, die sich bis nach Russland ausbreitete.
4 der sogenannte »Pantheismusstreit« (Pantheismus, zusammengesetzt aus altgr. *pān* (πᾶν), ›alles‹, und *theós* (θεός), ›Gott‹; nicht der personale christliche Gott als Figur, sondern die Welt als solche wird als Gottheit verehrt). Gotthold Ephraim Lessing (1729–1781) wurde nach seinem Tod im Jahr 1781 von Friedrich Heinrich Jacobi (1743–1819) als »Spinozist« bezeichnet, ein Vorwurf, der damals ebenso schwer wog wie der des Atheismus. Im Anschluss kam es zu einem

erhitzten Briefwechsel zwischen Jacobi und Mendelssohn. Jacobi veröffentlichte diesen Briefwechsel (in eigener Auswahl) 1785 unter dem Titel *Über die Lehre des* Spinoza *in Briefen an den Herrn Moses Mendelssohn*. Die Auseinandersetzung wurde bekannt als »Pantheismusstreit«. Mendelssohn Erwiderung, d. h. seine letzte Schrift bzw. ein kurzer Aufsatz unter dem Titel »An die Freunde Lessings«, wurde 1786 nach dessen Tod publiziert (er hatte das Manuskript am 31. Dezember 1785 noch persönlich zur Druckerei gebracht).

5 wörtl. »Beweisrede in Bezug oder zu dem Menschen«: Argument, das nicht durch Tatsachen, sondern durch Einbeziehung persönlicher Eigenschaften des Gegners sich durchsetzen will.

6 wie etwa in der Obstbaumveredelung, in der Äste qualitativ höherwertiger Pflanzen auf qualitativ minderwertigere Pflanzen aufgepfropft werden, die dann bessere Früchte tragen sollen.

7 Zweck.

8 nach lat. *datum*, ›das Gegebene‹.

9 etwas auf sich nimmt, auch: sich erdreistet, etwas zu tun.

10 hinausläuft.

11 im Verhältnis zu.

12 unumstößlich, keinen Widerspruch duldend.

13 samt, gemeinsam mit.

14 machte er den Fehler.

15 Stein, um die Güte etwa von Gold oder anderen Metallen zu bestimmen.

16 Anspielung auf den Pantheismus (Gott sei die gesamte Schöpfung, keine einzelne Figur) nach Baruch de Spinoza (1632–1677).

17 unverletzt, uneingeschränkt.

18 Tatsachen.

19 schnellste.

Über das Misslingen aller philosophischen Versuche in der Theodizee.

1 sich zu etwas verpflichten.

2 Begriff aus der Rechtssprache; lat. *exceptio fori*, ›Einrede der Unzuständigkeit des Gerichts‹.

3 Ovid, *Metamorphosen* 9,500: »sunt superis sua iura! quid ad caelestia ritus / exigere humanos diversaque foedera tempto?« (»Götter haben ihre Vorrechte; was unterfange ich mich, menschliche Sitten an den himmlischen Verbindungen zu messen, die so ganz anders sind?«; Ausg. hrsg. und übers. von Michael Albrecht, Stuttgart 2010, S. 552 f.).
4 Verteidigungsrede.
5 hier: Haarspalterei, Besserwisserei.
6 eigtl. Pietro Verri (1728–1797), italienischer Conte, Philosoph, Historiker und Schriftsteller, verfasste 1781 die *Gedanken über die Natur des Vergnügens* (im Original: [...] *sull'indole del piacere e del dolore* [...]).
7 eigentlich Stein zum Schärfen von Schneidewerkzeugen, hier: Widerstand, Herausforderung.
8 ungefähr: den Angeklagten aus Mangel an Beweisen freilassen.
9 erklärten.
10 nicht weise.
11 eigtl. Jean-André de Luc (1727–1817), Schweizer Meteorologe und Geologe, verfasste 1778–80 die sechsbändigen *Lettres physiques et morales, sur les montagnes et sur l'histoire de la terre et de l'homme.*

Das Ende aller Dinge.

1 wörtl. ›rein geistig gefasste Dauer‹: Kants Begriff für die Unendlichkeit der Zeit – als Anschauungsform hat sie weder Anfang noch Ende und kann deshalb strenggenommen auch nicht unter einen Einheit unterstellenden Verstandesbegriff gestellt werden. Aber das (noumenale) Vermögen der Vernunft kann doch eine Idee von dieser unendlichen Dauer fassen und etwa von »Ewigkeit« sprechen.
2 Albrecht von Haller, »Unvollkommenes Gedicht über die Ewigkeit«, V. 14–16, in: ders., *Die Alpen und andere Gedichte*, Ausw. und Nachw. von Adalbert Elschenbroich, Stuttgart 1965, S. 75–79, hier S. 79.
3 Vergil, *Aeneis* 8,265–267, Herkules besiegt Cacus: »nequeunt expleri corda tuendo / terribilis oculos, vultum villosaque saetis /

pectora semiferi atque exstinctos faucibus ignis« (»Nicht kann sich ihr Herz sättigen am Anblick der schrecklichen Augen, der Fratze, der vom Borstenhaar zottigen Brust des Halbtieres und dem Schlund, in dem das Feuer erloschen.«; Ausg. hrsg. und übers. von Gerhard und Edith Binder, Stuttgart 2008 [u. ö.], S. 426 f.).

4 weiterhin.

5 vgl. Horaz' *Oden* 3.2.,31 f.: »raro antecedentum scelestum / deseruit pede Poena claudo« (»selten hat den voraufeilenden Verbrecher / verlassen trotz lahmen Fußes die STRAFE«, Ausg. übers. von Bernhard Kytzler, Stuttgart 1978 [u. ö.], S. 116 f.).

6 vgl. 2. Könige, 1–18: Nach seinem Tod flog der Prophet Elia, so die Bibel, mit einem Feuerwagen in den Himmel.

7 eine lärmende Menge von Menschen. Vgl. 4. Buch Moses 16,5–6 und 16: Dort wird geschildert, wie ein Mann namens Korah sich mit 250 Genossen gegen Moses auflehnt und mit diesen von Gott durch Feuer getötet wird.

8 lt. Kant »ein mit innerer Freiheit begabtes Wesen« (*Metaphysik der Sitten*); bezeichnet den Vernunftbegriff, den wir von uns als Menschen fassen. Der Verstand begreift uns als lebendiges, körperliches Wesen, als Tier in organischer und somit endlicher Verfassung. Mit Hilfe der Vernunft begreifen wir uns jedoch gleichwohl als ein die Grenzen unserer Sterblichkeit überdauerndes Ganzes und sprechen von uns als »Person«. Ihr unterstellen wir einen unendlichen Wert, der – wie die Ewigkeit – über alles Empirische hinausreicht.

9 eine Aussicht auf.

10 Pantheismus, zusammengesetzt aus altgr. *pān* (πᾶν), ›alles‹, und *theós* (θεός), ›Gott‹.

11 vgl. Phil. 3,12–14: »Nicht, dass ich's schon ergriffen habe oder schon vollkommen sei; ich jage ihm aber nach, ob ich's auch ergreifen möchte, nachdem ich von Christo Jesu ergriffen bin.«

12 eitle, von sich selbst überzeugte.

13 für immer.

14 vgl. Livius, *Ab urbe condita* II, 3, 4: »leges rem surdam, inexorabilem esse, salubriorem melioremque inopi quam potenti« (»Die Gesetze aber seien für alle Bitten taub; sie brächten dem Armen

eher Heil und Nutzen als dem Reichen«, Ausg. übers. von Robert Feger u. a., hrsg., komm. und Nachw. von Marion Giebel, Stuttgart 2015, S. 202 f.).

15 zwingen.

Über ein vermeintes Recht aus Menschenliebe zu lügen.

1 eigtl. Henri-Benjamin Constant de Rebecque (1767–1830), Politiker und Schriftsteller.

2 altgr. *proton pseudos*, wörtlich der ›erste Irrtum‹ bzw. Grundirrtum, also die erste falsche Annahme, die das Gesagte auch bei eigentlich richtigen Folgerungen immer falsch macht (so in der aristotelischen Logik).

3 lat. ›eine Lüge ist eine Falschaussage zum Schaden eines anderen‹.

4 Übereinkünfte.

5 laute Verurteilung, Anklage.

6 ein Grundsatz, der selbst nicht mehr bewiesen werden kann.

7 eine (moralische) Forderung.

8 der Form nach.

9 der Sache nach.

10 als Möglichkeit.

Zu Autor und Werk

Immanuel Kant (1724–1804) ist ohne Zweifel einer der wichtigsten und einflussreichsten Philosophen aller Zeiten. Er musste von seiner Geburtsstadt Königsberg in das ostpreußische Umland ausweichen, um als Hauslehrer seinen Lebensunterhalt verdienen zu können. Sein Studium der Philosophie, Mathematik, Naturwissenschaften und Theologie schloss er in Königsberg ab, wurde habilitiert, scheiterte bei seiner ersten Bewerbung um eine Professur an seiner Universität, wurde Unterbibliothekar der königlichen Schlossbibliothek, wies u. a. einen Ruf an die Universität von Halle ab, wurde 1770 schließlich ordentlicher Professor für Logik und Metaphysik, war von 1786 bis 1788 Rektor der Universität und wurde 1787 in die Berliner Akademie der Wissenschaften aufgenommen.

In den letzten anderthalb Jahrzehnten seines Lebens geriet er in Konflikt mit der preußischen Zensurbehörde: 1794 wurde er der »Herabwürdigung mancher Haupt- und Grundlehren der heiligen Schrift und des Christentums« bezichtigt und aufgefordert, keine Schriften über religiöse Themen mehr zu veröffentlichen.

Kant ist für viele heute das Paradebild eines steifen, zwanghaften Philosophen mit neurotisch genau organisiertem Tagesablauf – doch vereinfacht diese Sicht: Der Philosoph war ein vorzüglicher Billardspieler (und verdiente sich auf diese Weise einiges Geld während seiner Studienzeit), spielte gerne Karten, war ein äußerst unterhaltsamer Gesprächspartner, an neuester Mode interessiert und besuchte mit Vorliebe große Gesellschaften, um dort vor allem vor den Damen mit seinem trockenen Humor zu glänzen.

Erst im Alter sah er sich aus gesundheitlichen Gründen dazu gezwungen, seinen Tagesablauf genauestens zu planen: Aufstehen um 4 Uhr 45, Ende des Tages um 22 Uhr, mittagliche

Gesellschaft zum Essen, bei der aber nicht über philosophische Themen geredet werden durfte, ein Spaziergang immer zur gleichen Zeit (es wurde gewitzelt, man könne nach Kants immergleicher kleiner Wanderung die Uhr stellen).

Am einflussreichsten wurde Kant durch seine drei »Kritiken«, also die *Kritik der reinen Vernunft* von 1781 mit einer zweiten Auflage von 1787, die *Kritik der praktischen Vernunft* von 1788 und die *Kritik der Urteilskraft* von 1790, jedoch auch durch kleinere Schriften wie die *Grundlegung zur Metaphysik der Sitten* von 1785 (bis heute eine der besten Einführungen in das Feld der Ethik), *Zum ewigen Frieden* von 1795 (ein noch immer faszinierender Entwurf einer großen Staatengemeinschaft – lange bevor an eine Organisation wie die UNO überhaupt nur gedacht wurde) oder *Der Streit der Fakultäten* von 1798 über den Status und die Aufgaben einer Universität. Aufsätze »Über die Vulcane im Monde« von 1785 oder »Über die Buchmacherei« von 1798 bzw. das Verlagswesen und Urheberrechtsfragen bewiesen seine immer weitgefassten Interessen.

Seine Philosophie wird geprägt von der These, dass, bevor man Aussagen über etwas machen kann, man durch eine Untersuchung der Reichweite des menschlichen Vernunftvermögens erst einmal sicherzustellen hat, inwieweit sich solche Aussagen aus der Beschaffenheit dieses Vermögens selbst überhaupt rechtfertigen lassen: Hat es etwa überhaupt Zweck, über Gott und Unsterblichkeit nachzudenken, wenn unser Verstand nicht unendlich, sondern nur beschränkt ist? Mit diesem Ansatz wandte er sich sowohl gegen einen Dogmatismus, der ohne vorherige Prüfung sich zu objektiven Aussagen versteigt, als auch gegen einen Skeptizismus, der die Gültigkeit von Aussagen von vornherein bezweifelt.

Und diese Grundgeste prägt auch alle seine in diesem Band versammelten Schriften. So bemerkt er in »Was heißt: Sich im Denken orientiren?«, es sei (S. 33)

> die unvermeidliche Folge der erklärten Gesetzlosigkeit im Denken (einer Befreiung von den Einschränkungen durch die Vernunft) diese: dass Freiheit zu denken zuletzt dadurch eingebüßt und, weil nicht etwa Unglück, sondern wahrer Übermut daran schuld ist, im eigentlichen Sinne des Worts verscherzt wird.

Für Kant ist in der Tat der »letzte Probierstein der Wahrheit [...] immer die Vernunft« (S. 27). Dabei gibt er sich keinen Illusionen hin, dass dieser Probierstein von allen gerne und wo immer möglich genutzt werde, wie er in seiner berühmten »Beantwortung der Frage: Was ist Aufklärung?« feststellt (S. 8):

> Es ist also für jeden einzelnen Menschen schwer, sich aus der ihm beinahe zur Natur gewordenen Unmündigkeit herauszuarbeiten. Er hat sie sogar lieb gewonnen und ist vor der Hand wirklich unfähig, sich seines eigenen Verstandes zu bedienen, weil man ihn niemals den Versuch davon machen ließ. Satzungen und Formeln, diese mechanischen Werkzeuge eines vernünftigen Gebrauchs oder vielmehr Missbrauchs seiner Naturgaben, sind die Fußschellen einer immerwährenden Unmündigkeit. Wer sie auch abwürfe, würde dennoch auch über den schmalsten Graben einen nur unsicheren Sprung tun, weil er zu dergleichen freier Bewegung nicht gewöhnt ist.

Man hat diese Freiheitsliebe, gelassene Skepsis und Unbestechlichkeit, gepaart mit einem deutlichen Bewusstsein von eigener Pflicht und Verantwortung, häufig nicht als weltmännische, menschenfreundliche, in heutigen Zeiten so überaus wichtige Grundeinstellung, sondern als bürgerliche Langeweile und Kleinkariertheit zu interpretieren versucht: Friedrich Nietzsche (1844–1900) ging hier wohl am weitesten, ließ er in seinem

Spätwerk *Der Antichrist* von 1888 im 11. Stück doch kein gutes Haar an Kant. In Anspielung auf dessen berühmten kategorischen Imperativ (in einer seiner Formulierungen: »Handle nur nach derjenigen Maxime, durch die du zugleich wollen kannst, dass sie ein allgemeines Gesetz werde«) warf er ihm seelenlose Formelhaftigkeit, Lebensabgewandtheit sowie ein »Königsberger Chinesentum« (also Weltabgewandtheit und Provinzialität, gepaart mit Kälte und menschlicher Unbeweglichkeit, so das Stereotyp der Zeit in Bezug auf China), Pflichtbesessenheit und Lustfeindlichkeit vor:*

> Ein Wort noch gegen Kant als Moralist. Eine Tugend muss unsre Erfindung sein, unsre persönlichste Notwehr und Notdurft: in jedem andern Sinne ist sie bloß eine Gefahr. Was nicht unser Leben bedingt, schadet ihm: eine Tugend bloß aus einem Respekts-Gefühle vor dem Begriff »Tugend«, wie Kant es wollte, ist schädlich. Die »Tugend«, die »Pflicht«, das »Gute an sich«, das Gute mit dem Charakter der Unpersönlichkeit und Allgemeingültigkeit – Hirngespinste, in denen sich der Niedergang, die letzte Entkräftigung des Lebens, das Königsberger Chinesentum ausdrückt. Das Umgekehrte wird von den tiefsten Erhaltungs- und Wachstumsgesetzen geboten: daß jeder sich seine Tugend, seinen kategorischen Imperativ erfinde. Ein Volk geht zugrunde, wenn es seine Pflicht mit dem Pflichtbegriff überhaupt verwechselt. Nichts ruiniert tiefer, innerlicher als jede »unpersönliche« Pflicht, jede Opferung vor dem Moloch der Abstraktion. – Dass man den kategorischen Imperativ Kants

* Friedrich Nietzsche, *Der Antichrist*, in: *Sämtliche Werke. Kritische Studienausgabe*, 15 Bde, hrsg. von Giorgio Colli und Mazzino Montinari, Bd. 6, München/Berlin [2]1988, S. 164–254, hier S. 177 f.; Rechtschreibung leicht modernisiert.

> nicht als *lebensgefährlich* empfunden hat! ... Der Theologen-Instinkt allein nahm ihn in Schutz! – Eine Handlung, zu der der Instinkt des Lebens zwingt, hat in der Lust ihren Beweis, eine *rechte* Handlung zu sein: und jener Nihilist mit christlich-dogmatischen Eingeweiden verstand die Lust als *Einwand* ... Was zerstört schneller, als ohne innere Notwendigkeit, ohne eine tief persönliche Wahl, ohne *Lust* arbeiten, denken, fühlen? als Automat der »Pflicht«? Es ist geradezu das *Rezept* zur *décadence*, selbst zum Idiotismus ... Kant wurde Idiot. – Und das war der Zeitgenosse *Goethes*! Dies Verhängnis von Spinne galt als der *deutsche* Philosoph – gilt es noch! ... Ich hüte mich zu sagen, was ich von den Deutschen denke ... Der fehlgreifende Instinkt in allem und jedem, die *Widernatur* als Instinkt, die deutsche *décadence* als Philosophie – *das ist Kant*! –

Die vorliegende Sammlung aus ebenso kleinen wie wichtigen Schriften lädt dazu ein, sich ein eigenes Bild von diesem großen Denker zu machen und sich dazu ermutigen zu lassen, nicht in der »selbstverschuldeten Unmündigkeit« zu verharren, sondern sich aus dieser herauszuarbeiten und selbst zu denken – so dass nicht alles »verscherzt wird«.